NAUN SHUNDI

DRAMA

RL BOOKS

2022

DRAMA
Autor: *Naun Shundi*
Redaktore: *Ornela Musabelliu*
Kopertina: *Laedia Hajdari*

ISBN 978-2-39069-005-4

© Naun Shundi
© RL Books zotëron gjithë të drejtat
e këtij botimi, dhënë nga autorët
dhe mbajtësit e së drejtës.
Ndalohet ribotimi apo vënia në skenë,
në çdo version, të plotë apo të pjesshëm
pa lejen e cilësuar
të mbajtësit të së drejtës.

https://www.rlbooks.eu
admin@rlbooks.eu

---

*Botimi i këtij vëllimi u mundësua
në shenjë miqësie për autorin nga
Bislim e Arbër Ahmetaj.*

Bruksel, prill 2022

LËNDA

TË GJITHË JANË TË ÇMENDUR 5

QENI 43

ÇIFTET 71

MISTO 119

TË GJITHË JANË TË ÇMENDUR

Monodramë

Skena paraqet një kuzhinë të vogël dhe të mobiluar thjesht ose varfër. Në të djathtë është një derë me një sy magjik, që presupozon që është dera e hyrjes. Në të majtë është një derë tjetër, që të çon në tualet. Gati ngjitur me të është një derë që të çon në dhomën e gjumit. Muri përballë ka një kondrabufe të zakonshme, ku shquhen një lavapjatë, një bufe murale me sirtarë, dollapë të vegjël dhe një sobë gatimi. Në mes të skenës është e vendosur një tavolinë e vogël dhe e ulët, me një kolltuk dyvendësh nga pas dhe me dy karrige në anësore të tavolinës. Tavolina është e shtruar për dy vetë. Ka pjata të mbushura estetikisht bukur dhe e kuruar me shije. Në mes të tavolinës është një tortë me disa qirinj. Hapet dera e jashtme dhe hyn vrullshëm "Ai". Në duar ka dy qese të mbushura. Vështron rreth e qark, hap derën e banjës, e mbyll, hap derën e dhomës së gjumit, e mbyll. Vendos qeset mbi tavolinë dhe ulet në kolltuk, gati i rraskapitur. Heq syzet dhe fillon t'i fshijë me kujdes... Nxjerr nga njëra qese një frutë ananasi dhe e vendos mbi tryezë.

AI: ...Kisha harruar ananasin! Dhe mirë që u kujtova në kohë! E merrni me mend se ç'mund të kishte ndodhur po të mos kishte në tavolinë ananas? Do të fillonin të sharat, ulërimat, unë do të kërkoja njëqind herë falje, do të vrapoja si i çmendur nëpër dyqane, dyqanet do të ishin mbyllur dhe dyqani i fundit, që do të gjeja hapur, do ma shiste me katërfishin e çmimit... Nejse... kjo gjë vetëm një herë ka ndodhur. Sot jam me fat që ajo nuk ka ardhur akoma... Tani jam i qetë. Pjatat, gati, lugët, pirunët, thikat, gati. Pecetat gati, shishet, gotat, po gati! Dhe torta me çokollatë gati! Mund të pres i qetë... I qetë... Aq sa mund të jetë i qetë një njeri që pret. Se, dakord që unë po pres, po ajo kur do të vijë?! Apo nuk ka patur punë këto kohët e fundit! Deri në grykë. Gjithmonë vonohet. Para ca ditësh u vonua aq shumë, sa mua më kishte zënë gjumi duke e pritur. Dhe gjumi është i tmerrshëm. Të vjen atëherë kur nuk të duhet ose kur të prish punë dhe të ikën atëherë kur duhet patjetër. Më ka qëlluar që i jam lutur gjumit me net të tëra të më vinte dhe nuk më ka ardhur!

Dhe kur më vinte, më lëshonte vetëm sa për të vajtur në banjë dhe më mbërthente prapë. Bile njëherë më qëlloi një gjumë aq i poshtër, sa as në banjë nuk më la të shkoja. Kuptohet që bleva një dyshek të ri. Megjithatë, isha gati të blija dhjetë dyshekë të rinj, vetëm të mos më dilte çdo natë në ëndërr fëmijëria. Siç duket, lagia nga poshtë më ndezi një vatër të fjetur në tru. Bile edhe tani më duket sikur kam në hundë atë erën e qelbur të urinës time.

...Që ta nis nga e para. Pasi më vdiq gjyshja, që më ushqente, më lante, më tregonte përralla etj., etj., familja vendosi të më çonte në kopsht. Një javë rresht më folën për të mirat e kopshtit. Mirëpo unë kërkoja gjyshen. Më thanë se ajo kishte vajtur te Zoti për të gjetur gjyshin. Desha, s'desha, vajta në kopsht. Grupi ynë i kopshtit kishte dhjetë fëmijë. Kishim dhjetë pjata, dhjetë lugë e pirunj, dhjetë stola të vegjël dhe dhjetë lapsa me gomë. Pasi vizatonim një gjë në një fletë ngjyrë kafe, duhet ta fshinim me gomë se fleta na duhej prapë për nesër. Kishim edhe dhjetë oturakë. Kur vinte ora, edukatorja na i sillte, ne uleshim, mbaronim punë dhe pastruesja i merrte dhe i lante. Një ditë, edukatorja nxori vetëm nëntë oturakë. U vërsulëm të gjithë, se mezi po e mbanim. Të gjithë e zunë nga një oturak, vetëm unë mbeta pa gjë. Secili mendoi për bythën e vet, unë s'i bëra derman times. Sado që u shtrëngova, s'e mbajta dot. E bëra në breke. Dhe kjo punë vazhdoi përditë. Asnjëherë nuk mundesha të rrëmbeja një oturak. Gjithmonë ma rrëmbenin të tjerët. Dhe unë, sado që shtrëngohesha, prapë e bëja në brekë. Sa herë që e bëja në brekë, pra çdo ditë, edukatorja më fuste nga një shpullë:

- As për bythën tënde s'je i zoti!

Pastaj më kapte për veshi dhe më nxirrte në oborr, se mbaja erë të keqe.

- Mbaji erë tani shurrës tënde! Pisanjos!

Dhe më linte përjashta. Gjashtë herë jam shtruar në spital me të ftohtë ngaqë më linin përjashta. Dhe pse? Sepse një shoqja e edukatores kishte lindur vajzën e tretë dhe edukatorja jonë, si dhuratë, i çoi oturakun e kopshtit. Pale kur vinte mamaja të më merrte dhe më gjente përjashta. Në vend që t'i bërtiste edukatores, më bërtiste mua:

- Prapë në brekë?!

- O ma...!

- Qepe gojën! Qelbesh erë!

- Po s'kam oturak, o ma!

- Po të tjerët pse kanë? As për bythën tënde s'je i zoti?!

Dhe më këpuste një të rrahur të mirë, saqë unë filloja të qaja me të madhe. Edukatorja nxirrte kokën te dera dhe i thoshte mamasë:

- Mos e rrih aq shumë, të shkretin! Gjynah! Nuk është i zoti për asgjë!

- Prandaj e rrah, që të bëhet i zoti! – bërtiste mamaja dhe më kthehej mua. - Mos qaj, mos qaj po të them!

Unë përpiqesha të mbaja të qarët, po s'e mbaja dot! Se kur qan njeriu, edhe sikur çlirohet, sikur shkarkohet! Dhe ashtu duke qarë, bëja be se nesër do t'ia shkulja Ilirit oturakun, do bëja çiçin në të dhe pastaj do ja derdhja në kokë. Dhe të nesërmen...

lëre, ç'ta kujtoj...!

Edhe tani më vjen për të qarë. Po se mos vetëm për këtë rast. Mua dhe për bretkosën më vjen për të qarë! E kam fjalën për bretkosën e kopshtit... Eh! Kishim ca lodra në kopsht për të lozur. Për të lozur të tjerët, se mua s'më linte njeri të zija lodër me dorë. M'i rrëmbenin kalamajtë e tjerë. Ata luanin me dy-tri lodra, unë me asnjë. Qahesha te edukatorja:

- O edukatore! Po unë... s'kam asnjë lodër. Me çfarë të luaj unë?

- Luaj me topat e tua! – ma kthente ajo.

- Po unë nuk i dua topat. Dua atë bretkosën jeshile.

Më kishin mbetur sytë tek ajo bretkosë. Ishte jeshile, me sy të zinj dhe në kurriz kishte një çelës të vogël. E rrotulloje katër-pesë herë çelësin, e lije bretkosën në tokë dhe ajo fillonte të kërcente. Sa më pëlqente ajo bretkosë! Asnjëherë nuk më lanë ta kurdisja dhe të luaja me të. Një ditë, Çimi, që e kishte bërë si pronë të vetën, i futi një shkelm dhe e përplasi pas murit. Asaj të shkretës i dolën zorrët përjashta. Në fakt ishin ca susta dhe ca vida. Çimi nuk ia vari më bretkosës. Unë u afrova me marifet, e mora dhe e futa te xhepi i përparëses. Kur vajta në shtëpi, mora ca pinca e kaçavida dhe fillova ta rregulloj. Por nuk munda. Kishte ngordhur. Që nga ajo ditë nuk i shoh dot me sy ata që hanë këmbë bretkosash. Me vjen t'i marr, t'i lidh këmbë e kokë e t'i hedh në një pellg bretkosash, pastaj të shoh se si bretkosat do t'i hanë ata.

Por... bretkosat nuk hanë njerëz. Njeriu po! Bile, njeriu ha dhe njeriun. Keni dëgjuar që thonë se ka ardhur një kohë që po ha njeriu njeriun?

Nuk i ha mishin dhe kockat, jo! I ha zemrën dhe shpirtin. Dhe i gjori njeri vdes. Dhe po këta, që e hëngrën, i shkojnë në varrim, i ndezin një qiri dhe i thonë të pikëlluar:

- Sa i mirë ka qenë!

Më mirë të thonë: "Sa shije të mirë që kishte!". Tamam kanibalë modernë! Kaq shumë fytyra kanibalësh njoh dhe më kujtohen, saqë më vjen të mos kujtoj më asgjë. Ja, tani nuk dua të kujtoj më asgjë. Vetëm do pres i qetë dhe i lumtur. Ajo do të vijë, do të më puthi pllaq e plluq ca herë, do të hyjë në dhomën e gjumit të ndërrohet, pastaj në banjë dhe do të ulet këtu, te vendi i saj. Pastaj do të fillojë e ngrëna, e pira, e shtrira... Hajde, hajde! Ç'qejf do të bëjmë! Se njeriut i duhet edhe pak qejf në jetë. Megjithëse, të them të drejtën, për çështje qejfi nuk para më ka ecur. Dhe kur them qejf, them qejf në përgjithësi. Se jo vetëm të puthesh është qejf. Edhe të rrahësh dikë me grushta është qejf. Sidomos kur ta ka sjellë në majë të hundës. Edhe mua, të them të drejtën, ma ka shumë qejfi të rrah. Kur rreh dikë ndjehesh mirë, besoj. I mbush mendjen vetes se edhe ti je diçka. Ehu-ha! Sa herë kam dashur të rrah unë! Do thoni ju, po sa herë ke rrahur? Tentativa kam bërë... Më kujtohet një herë... Ja! Prapë me kujtime. Nejse... S'kemi si mos i kujtojmë kujtimet. Pra... më kujtohet një herë që kam dashur të rrah me grushta, me shpulla e me shkelma jo një, por shumë vetë. Herë kam dashur t'i rrah një e nga një dhe herë të gjithë bashkë. Shkak u bënë ca llafe që dëgjova në klasë dhe në korridoret e shkollës. Dëgjoja që thonin për mua: "Lëre mor, mos u merr me atë! Ai është i rrahur që këlysh!". Kjo frazë më revoltonte jashtë mase: e para se unë kam qenë fëmijë dhe jo këlysh dhe e dyta, ata që ma thoshin nuk ishin rrahur ndonjëherë? Dhe meqë ata e quanin veten të parrahur, vendosa t'i rrah unë. Dhe për këtë u betova një natë para se të më zinte gjumi. Do rrah njërin dhe do ta bëj të vdekur. Po... cilin? Fillova të mendohesha... Pasi u mendova gjatë, arrita në konkluzionin se të gjithë shokët e mi duheshin rrahur. Se të gjithë më kishin sharë, fyer, poshtëruar, qëlluar... Pra të gjithë e kishin hak një dru. Megjithatë, unë nuk mund t'i rrihja të gjithë. Vetëm njërin do rrihja dhe ajo rrahje të shërbente si shembull për të gjithë të tjerët...

E mendova gjatë dhe vendosa të rrah të parin që do të më shante, provokonte apo do më thoshte ndonjë fjalë ofenduese. Të nesërmen vajta në shkollë gati për luftë.

Kishte pesë ditë që mamaja më jepte një lek në ditë. I mblodha. M'u bënë pesë lekë. Te dera e shkollës bleva një akullore te Fiqo dhe hyra në shkollë. Po e lëpija akulloren... e kuptoni edhe vetë se me sa qejf e lëpin një fëmijë akulloren. Kur... përballë më vjen Tahiri, shoku im i klasës. Desha t'i them: "Do ta lëpish njëherë?". Por s'pata kohë. Ai ma rrëmbeu akulloren nga dora dhe e futi të tërën në gojën e qelbur. Fshiu me pëllëmbë qurrat nga hunda dhe më tha duke qeshur:

- Qenka shumë e ftohtë!

Atëherë kujtova betimin që kisha bërë me veten, shtrëngova grushtin e djathtë fort dhe i dhashë një goditje vetëtimthi në stomak. O zot, o zot... çfarë dhimbjeje! Kisha thyer dorën! Ai në brez kishte futur librin e fizikës, që kishte një kapak kartoni të trashë. Nuk mjaftoi kjo, por pastaj m'u kthye Tahiri: fut e bjer! U grumbulluan edhe nxënësit e tjerë dhe përveç dorës që kisha thyer, më thyen edhe katër brinjë.

Në spital, nga gjithë klasa, vetëm Klementina më erdhi. Kishte sjellë diçka të mbledhur me një gazetë dhe ma vuri mbi tavolinë.

- Janë ca domate nga të bahçes, –më tha, – janë të freskëta.

E kuptova. S'kishte patur asnjë lek për të më blerë diçka.

- Mos u mërzit, —më tha, – do të bëhesh mirë!

Dhe iku. Ishte dhurata e parë që më bënin. Dhe akoma nuk kam marrë një dhuratë më të çmuar se ajo. Sa ato dy kokrra domate.

Që nga ajo kohë, vendosa të mos kem më shokë. E ç'ti doja? Në fakt, unë i doja, po ata s'më donin. Çudi e madhe! Unë i doja, i ndihmoja, i lejoja të kopjonin tek unë në provim, ata hiç! Atëherë vendosa të rri vetëm. Dhe keni parë ju, sikur më pëlqeu kjo gjë! Bëja muhabet me veten time sa kënaqesha. As unë nuk ia prishja qejfin vetes, as vetja mua. Më dukej vetja i mirë, i dashur, i sjellshëm... Dhe mendoja e mendoja pa pushim për shumë gjëra. Mirëpo vinte një moment që këto gjëra doja t'ia thosha dikujt. Ta pyesja dhe atë. Po ai si mendonte? Mendoja mirë unë, apo mendoja keq? Po kujt t'ia thosha? Kë të pyesja? Pasi u mendova gjatë dhe hoqa turpin, vendosa: do t'ia thosha babait.

Babai im ishte një njeri që nuk para fliste, për të mos thënë që nuk fliste fare. Bënte vetëm me shenja, po ama të gjithë e kuptonin. Pra, u ula një pasdite me babanë dhe ia thashë të tëra. Fola e fola sa u lodha. Ai nuk fliste. Vetëm pinte cigare. Pasi unë mbarova dhe po prisja me padurim se ç'do më thoshte, ai fiku cigaren dhe hapi gojën. Vetëm një fjali tha. Si tani e mbaj mend:

- Ke lindur gabim, mor bir!

Pastaj u ngrit, më përkëdheli kokën dhe doli nga shtëpia.

Të them të drejtën, asnjëherë nuk e mora vesh tamam-tamam atë që donte të thonte. Megjithëse, edhe po ta merrja vesh, ç'dobi do të kishte?! Do ndryshonte gjë? Mos do jetoja më ndryshe? Më i qetë, më i gëzuar? Se njeriu, them unë, jeton që edhe të gëzojë një çikë. Jo mos të të qeshi buza kurrë. Ja! Sa mbarova shkollën e mesme dhe po prisja të filloja të lartën, më thirrën ushtar.

Vajta dhe u ankova.

- Pse do më merrni ushtar? – u thashë. – Unë po pres të më dalë shkolla e lartë!

- Shkolla nuk të del, – më thanë. – E ke biografinë e keqe.

- Po në qoftë se unë jam i mirë, ç'rëndësi ka biografia e keqe?

- Derisa e ke biografinë e keqe, – më thanë, – s'ka se si të jesh i mirë as ti.

Pas tri ditësh më thirrën në degën ushtarake dhe më qethën tullë. Prita sa u errësua, që vajta në shtëpi. Ecja gati me vrap dhe me kokën ulur. Më vinte aq turp sa s'ka. Pak i shëmtuar isha vetë, pak edhe tullë! Lëre mos e pyet! Një javë të tërë nuk dola nga shtëpia nga turpi, derisa një mëngjes na ngarkuan në ca kamionë të mbuluar me një mushama jeshile dhe na shkarkuan pas nja nëntë orësh. Sa zbritëm, na thanë: "Me vrap!". Dhe ky vrap nuk m'u nda gjatë gjithë ushtrisë.

Filloi stërvitja. Prapa repartit kishim një kodër të lartë. Çdo mëngjes ngjiteshim me zvarritje deri në majë të kodrës, merrnin pozicione luftimi, prisnim të vinte armiku, armiku nuk vinte dhe ne ktheheshim në repart duke kënduar. Nga dita në ditë fillova të lodhesha aq shumë, saqë nuk ngrija dot as lugën e supës për ta futur në gojë. Erdhi një moment që u rraskapita fare. Ca nga stërvitja e tmerrshme, ca edhe ngaqë nuk haja!... E ç'të haja?! Haheshin ato që na jepnin?

Në mëngjes një pjatë me lëng fasuleje, në drekë një supë që vinte erë të shpifur dhe një pilaf që të kërciste në gojë dhe në darkë një gotë çaj me një si cipë yndyre përsipër. Një mëngjes nuk u ngrita dot nga krevati. Isha gjysmë i vdekur.

- Çohu! – më ulëriti kapteri në rrëzë të veshit.

- Ku do shkojmë? – i thashë si nëpër tym.

- Ku të pëlcasin. Në stërvitje, – dhe më hoqi batanijen.

- Kam bërë kaq shumë stërvitje, - i thashë, - sa që do ta shpartalloja çdo armik që do të më dilte përpara.

Më dënuan me tri ditë birucë. Edhe atë kisha mangët. Kur më nxorën, mezi vajta deri te krevati. Kur dëgjoj prapë kapterin:

- Çohu!

- Nuk çohem! – i thashë.

- Atëherë po i them mamasë te dera që nuk do të çohet!

(Fillon të përlotet.)

Mamaja! Nëna ime! Nëna ime kishte ardhur për të më parë! Po më priste te dera. U ngrita si i shkalluar dhe ia dhashë vrapit për te dera e repartit, që ishte nja dyqind metra larg. Në mes të rrugës m'u këputën gjunjët nga lodhja dhe u rrëzova. Vrava keq dy gjunjët dhe hunda m'u përplas përtokë. Pashë ca xixa vërdallë dhe filloi të më dalë gjak nga hunda. Fshiva gjakun me mëngën e kapotës dhe, duke m'u marrë fryma, mbërrita te dera. Ajo po më priste. Kur më pa, iu mbushën sytë me lot. Kush e di si i jam dukur!

- E dija që nuk je i zoti për asgjë, – më tha.

Më la në dorë një pako të mbështjellë me gazetë dhe iku duke qarë. Nuk munda t'i them asnjë fjalë. Mbeta me pako në dorë si i ngrirë. Akoma nuk e kam kuptuar nëse mbeta ashtu nga nëna që iku duke qarë apo nga aroma që më vinte nga pakoja. E afrova pakon te hundët dhe e kuptova. Ishte byrek. Byrek me spinaq. Ajo e dinte që mua më pëlqente shumë. U mata ta shqyej gazetën dhe ta kollofisja byrekun menjëherë. Aq i uritur isha. Pastaj u mendova: Jo, thashë me vete, do ta ha nesër në mëngjes në vend të atyre fasuleve të shpifura. Sot do t'i mbaj vetëm erë. E futa pakon nën kapotë dhe drejt e në kapanon. Vendosa me kujdes byrekun poshtë jastëkut dhe u shtriva. Me aromën e byrekut në hundë më zuri gjumi. Tërë atë natë kam parë ëndrra vetëm me byrekë. Shikoja sikur haja e haja tepsi të tëra me byrekë dhe nuk ngopesha.

Në mëngjes u rreshtuam para kapanonit. Unë e kisha futur byrekun nën kapotë dhe mezi po prisja. Kapteri filloi të na shikojë me radhë për uniformat. Kur erdhi para meje, u ndal. Më pa me vërejtje në gjoks, pastaj drejt e në sy. Të them të drejtën, kapota në gjoks më rrinte pak e fryrë.

- Ç'e ke këtë? – dhe filloi të më zbërthente kapotën.

- Mamaja... - vetëm kaq munda të them. Ai e mori byrekun, e afroi të hunda, e kuptoi që ishte byrek dhe më ulëriti:

- Bythë pambuk! Nuk të pëlqen ushqimi i repartit ty?

Pastaj e përplasi byrekun përtokë dhe filloi ta shkelte si i tërbuar. Më erdhi për të qarë, për të ulëritur, për të qëlluar dhe unë me shkelma, me grushte. *(Gati në të qarë.)* Pse të ma shkelte byrekun? Pse të ma shkelte byrekun? Pse të ma shkelte byrekun?! Byrekun e kishte bërë mamaja ime, jo mamaja e tij. Unë po ngordhja urie! Atë lloj ushqimi që na jepnin, nuk e haja dot. Na bënin një supë, që as qeni i repartit nuk e hante. E provova. Mora një ditë pjatën time me supë dhe ia dhashë qenit. Nuk e hëngri.

(Përlotet.)

Lëre fare! Kot që e kujtova atë mut ushtrie. Më mirë të kujtoj gjëra të bukura. Se unë, në fund të fundit, kot po rri. Duke pritur jam. Ajo do vijë, do më puthi pllaq e plluq në faqe, pastaj do të ulemi, do hamë, do pimë dhe kur të mbarojmë së ngrëni e së piri... *(Fillon qesh.)* Jo!... Përpara se të... ashtu... do ndezim qirinjtë e tortës. Do këndojmë së bashku atë këngën: "Shumë urime për ty! Shumë uri..." *(Ndalon së kënduari dhe kujtohet.)* Nuk jua thashë?! Puuuu! Sa harraq që jam! Ajo sot ka datëlindjen. Do ta festojmë së bashku. Si gjithmonë. Tani... Si gjithmonë... Si nga ndonjëherë, se ajo në përgjithësi i kalon ditëlindjet me shokët e vet.

- Nuk festohet ditëlindja me burrin! – më thotë.

Mezi ia kam mbushur mendjen nja dy herë. Dhe ato dy herë ka qëlluar që ka qenë e zemëruar me shokët, se ndryshe... Dhe në fakt, se u zemërua njëherë me një shokun e vet përfitova unë.

Nuk e harroj atë ditë. Kisha dalë nga liqeni për shëtitje. Vetëm, si gjithmonë. Lloj-lloj mendimesh më vinin në kokë. Ama, një mendim më ishte ngulur në kokë dhe s'më shqitej. Kishte kaq vite që kushdo që më takonte, po një muhabet më bënte. Megjithëse unë s'para takoja shumë njerëz. Po ama Femiun e takoja përditë te klubi këtu, poshtë pallatit. Çdo mëngjes, tek Femiu... Kafja e mëngjesit dhe muhabeti i martesës.

- Ore xhan i vëllait! – më thoshte. – Po martohu ore, martohu! Po ngrysesh beqar.

- Po si të martohem? – i thosha. – Pa u menduar?

- Martesa nuk ka nevojë për mend, por për tjetër gjë.

Dhe kështu, duke menduar, u ula në një stol buzë liqenit. Pasi u ula, vura re që disa metra më tutje, në një stol tjetër, një çift po bënte dashuri. Sigurisht që ktheva kokën nga ana tjetër. Do t'i bezdisja po t'i shikoja. I lashë të qetë në punën e tyre dhe vazhdova të mendoj. Pasi mbarova së menduari dhe u bëra gati të ngrihesha, dëgjoj një shpullë të fortë dhe një ulërimë femre. Kur, ç'të shoh! Ai maskarai i kishte hipur përsipër asaj të gjorës dhe po e qëllonte si i tërbuar. Fut e bjer. Me shpulla, me grushta dhe me shkelma. Dhe mirë që e qëllonte, po nuk pushonte së bërtituri duke e sharë të shkretën:

- Mashtruese! Qelbësirë! Kurvë muti!

Po edhe ajo u tregua e zonja. Duke ngrënë shkelma dhe grushta filloi ta shante:

- Maskara! Qelbësirë! Kurvar muti!

Në fund, ai maskarai u çua në këmbë dhe i ra me shkelm mu pas koke. Thashë se ia hoqi kokën nga vendi. Ajo nuk lëvizi më. Mbeti e shtrirë aty, me fytyrë nga qielli. Ai i mori çantën, ia kontrolloi, seç mori, lekë më duket, dhe u nis drejt meje. Unë kisha mbetur i shtangur dhe sytë më ishin zgurdulluar. Ai ndaloi para meje dhe m'u kthye:

- Hë mor idiot, ç'ke që shef?!

- Jo, s'kam gjë, – i thashë, – por... ajo vajza... gjynah!

- Po të erdhi gjynah, merre për grua, – më tha. Pastaj më kërkoi shkrepëse. Ia dhashë duke m'u dridhur dora. - Po cigare, a ke?

I zgjata paketën, që sapo e kisha blerë. Ai mori një cigare, e ndezi, futi paketën dhe shkrepësen në xhep dhe iku. Shyqyr, thashë me vete dhe u nisa me vrap për te vajza. Ajo nuk lëvizte fare. Por frymë merrte. E vura re. O Zot, sa e bukur që ishte! Megjithëse ai maskarai ia kishte nxirë një sy dhe i kishte dalë gjak nga hunda. Shkova me vrap buzë liqenit dhe mbusha grushtat me ujë. U ktheva prapë me vrap dhe ia hodha ujin në fytyrë. Ajo hapi sytë, më pa, ulëriti dhe u ngrit në këmbë duke fshirë fytyrën me duar. U mori erë duarve dhe ulëriti prapë:

- Idiot! Këtë ujë të qelbur gjete të më hedhësh në fytyrë?

Sa bukur që ulërinte! Dhe, ma do mendja, që pikërisht ajo ulërimë më bëri të marrosem pas saj. Unë nuk kisha ulëritur kurrë në jetën time. Bile as që dija të ulërija. Pra, tek ajo gjeta diçka që më kishte munguar: ulërimën.

Ju ka qëlluar të ulërini ndonjëherë? E di sa bukur që është?! Megjithëse unë akoma nuk kam mësuar mirë. Thonë që ulërijnë ujqit, çakejtë, arinjtë e plot kafshë të tjera. Unë mendoj që njerëzit, po mësuan mirë të ulërasin, do jenë në gjendje që edhe të dëgjojnë mirë ulërimat e tjera. Po të dish të ulërish tamam, do mundesh të dëgjosh fare kollaj edhe ulërimën e një kërmilli, të një hardhuce, të një peshku. Të gjithë ulërasin, por në gjuhën e vet. Dhe po t'i bashkoje të gjitha këto ulërima bashkë, do të krijohej një simfoni, para së cilës Bethoveni do të dukej amator. Nejse!

Pas asaj ditës së liqenit u takuam dhe ca herë të tjera, por jo te liqeni. E kishte marrë zët liqenin.

- Po të duash të takohemi, takohemi nëpër restorante, – më thoshte.

Unë mezi prisja, megjithëse, të them të drejtën, nga gjendja nuk isha edhe aq mirë. Dhe çfarë restorantesh që zgjidhte! Nga ato që sapo hyje, të hiqnin pallton te dera. Muhabet pothuajse nuk bënim fare. E ç'ti thoja unë?! Unë vetëm e shikoja se si hante dhe kënaqesha.

Një natë kishim mbaruar së ngrëni dhe po prisnim që të paguaja. Unë kisha ngrënë, si zakonisht, një supë me zarzavate, ndërsa ajo një sallatë mikse, një rizoto me fruta deti, një peshk të zgarës, një pjatancë me karkaleca dhe dy shishe verë. Kur erdhi kamarieri, ajo porositi prapë:

- Një verë tjetër, por jo si këto thartirat. Më sill një "Bordo"!

- Mos të bën keq për shëndetin, – i thashë, – gjithë

kjo pije!

- Budalla! – maktheu. – Vera nuk hyn te pijet, por tek ushqimet.

Pasi e thau komplet edhe Bordonë, m'u kthye mua:

- Ore! Po shtëpi ke ti?

- Kam, - i thashë. - Ti e di. Por si shtëpi beqari, pak rrëmujë...

- Rrëmuja më pëlqen! - më tha.

I lashë kamarierit të gjitha lekët që kisha në xhep, saqë ai i shqeu sytë dhe u ngritëm. Gjatë gjithë rrugës, zemra më rrihte si e shkalluar. Ajo po vinte në shtëpinë time! Hymë brenda.

- Ku është dhoma e gjumit? - më pyeti.

Unë zgjata dorën, por nuk arrita t'i them: "Ja, andej", se ajo ma kapi dorën dhe më tërhoqi zvarrë për në dhomë. Më plasi në krevat dhe m'u hodh sipër si e tërbuar. Me dy duart më kapi këmishën dhe ma shqeu. Më këputi dy kopsa.

- Mos! - i thashë.

- Ç'ke? - më tha. - Nuk të pëlqen?

- Nuk kam pe të bardhë për të qepur kopsat.

- Ti, - më tha, - ose je tepër i zgjuar, ose tepër budalla, ose tepër shakaxhi, që tall bythën me mua.

Pastaj më zbërtheu pantallonat dhe... Nejse! Vazhdoi ai muhabeti që dihet. Por, do ti, që kjo puna e kopsave iu bë ves?! Pas nja dy javësh nuk vishja dot asnjë këmishë. Të tëra ishin pa kopsa. Kur një ditë i vajta në takim me golf, u bë si e tërbuar. U çua nga tavolina, se ku vajti për nja gjysmë ore dhe u kthye me një qese në dorë. Ma përplasi në tavolinë dhe iku. E hapa qesen gjithë kujdes dhe çudi bashkë. Ishin rrotka peri.

Dhe... kështu vazhdoi kjo histori. Mirëpo u bë goxha

kohë bashkë. Kaluan gati tri javë. Njerëzit filluan të flasin. Dhe unë s'mund ta lija vajzën e botës ta merrnin nëpër gojë dynjaja. U mendova një ditë, plot dy orë e gjysmë dhe vendosa. Do t'i propozoja për martesë. Mora ca para borxh dhe bleva një kostum dhëndërie. Më rrinte fiks pas trupit. Mëngët më rrinin ca të gjata, por... nejse. E çova kostumin dhe te një rrobaqepës, që më shkurtoi ca pantallonat dhe isha gati. E takova dhe ia thashë. Domethënë i propozova për martesë. Ajo në fillim bëri: "Uuaaaa!", si e habitur, pastaj u mendua ca dhe tha: "Jo!". Rrugës për në shtëpinë time tha që do mendohej dhe, pasi më shqeu të gjitha kopsat e këmishës, pranoi. Dhe çfarë dasme kemi bërë! Hajde dasmë, hajde! Ja, në këtë dhomë. Vetëm ne të dy.

Dhe kështu vazhdoi kjo punë. Vetëm ne të dy. E ç'më duhej tjetër? Shtëpi kisha, grua të mirë kisha, në punë ajo, në punë unë. Kam bërë një jetë fantastike... për katër ditë e gjysmë. Por ç'e do? Nuk arriti të gdhihej e pesta. Dhe qëlloi festë: Dita e kujtimit të fondacionit bamirës "...Për gratë në nevojë...". Ishte darkë. E kisha shtruar tryezën për merak. Ç'nuk kishte në atë tryezë! Sapo mbarova së mbushuri gotat, një me verë dhe një me ujë, kur cërr... celulari. Ajo e mori celularin, tha "mirëmbrëma" dhe me celularin në vesh u fut në banjë. Doli nga banja gjithë gaz, rrëkëlleu me një frymë gotën e verës, më puthi në faqe dhe, kur mbërriti te dera, m'u kthye:

- Po iki në punë unë, më thirrën.

Harrova t'ju them që gruaja ime punon në një dikaster. Po, sa shumë që punojnë nëpër këto dikastere, xhanëm! Unë kisha menduar se atje bëhej pallë! Punonin nga një çikë, vidhnin nga një çikë si shumë dhe qejf o qejf!

Por, jo! Ç'ne? Vetëm pasi u martova e kuptova që nëpër dikastere të del shpirti. Robtohesh, sfilitesh në punë ditë e natë. Ja! Rasti konkret që po ju thoja. Gjithë natën në punë gruaja. Dhe kur erdhi në mëngjes ishte e rraskapitur fare. I merreshin këmbët dhe sytë i ishin bërë me rrathë të zinj. Unë po e prisja i ulur në tavolinë pa prekur asgjë. Kur u ngrita ta përqafoj, ajo më dha një të shtyrë dhe ra si e vdekur në krevat. Atëherë mallkova me vete gjithë dikasteret dhe gjithë shefat e tyre. A i merret shpirti kështu një punonjësi?!! Dhe aq më tepër, një femre delikate si gruaja ime?!

Edhe në ndërmarrjen time punohet, po jo kështu. Mbaron tetëorëshi i punës dhe të gjithë në shtëpi. Është e vërtetë që ka katër muaj e njëzet e gjashtë ditë që nuk kemi marrë rrogat. Por kur nuk ka lekë italiani, ç'të na japi? Me ç'duket, këpucët që prodhojmë ne, atij nuk i shiten. Pastaj, unë përditë e dëgjoj që duhet përkrahur biznesi i huaj. Ta lemë në mes të katër rrugëve italianin, ne?! Ai shyqyr që po na mban në punë! Se ka dhe më keq. Ca punëtorë ke ne, që filluan të ngrenë zërin e të kërkonin rrogën, italiani i pushoi nga puna. Vajtën të ankohen, por i vunë me shpatulla pas murit.

- Do përkrahim kapitalin e huaj, - u thanë. - Si rrjedhojë e thithjes së këtij kapitali 'xhidipija' po përmirësohet dhe tregtuesit makroekonomik po çmendin FMN-në dhe Bankën botërore.

Si ka mundësi? Si ka mundësi, thonë ata, që një vend kaq i vogël sa juaji po çudit dynjanë?! Dhe vërtet, për t'u çuditur është. Po, se mos vetëm tani! Ne gjithmonë kemi çuditur dynjanë. Që nga koha e Skënderbeut. E bëmë atdheun shkrumb e hi, por ama Europa shpëtoi. Dhe gjithmonë na e ka ditur për nder, na ka ndihmuar. Edhe sot e kësaj dite, mendjen tek ne e ka. Me qindra specialistë na ka dërguar. Edhe ata plasën duke na thënë:

- Duhet të punoni shumë, të arrini standardet, të luftoni korrupsionin!

Na thonë, mor, na thonë, po kujt ia thonë?! Këtu është bërë më keq se lesh arapi. Sado që mendohem e mendohem unë, prapë se prapë nuk zgjidh gjë. Aq shumë kam menduar, sa mendimet më erdhën në majë të hundës dhe një pasdite mendova të mos mendoj fare. Por edhe pa menduar fare nuk rrihet. Megjithëse nga këto dreq të menduarash gjeta belanë njëherë.

Vendosa një ditë të mendohem për problemet e qenies dhe të mosqenies. Si zakonisht, u nisa për t'u menduar nga liqeni. Por kuptohet që të menduarit e nisa që gjatë rrugës. Kalova pesëmbëdhjetëkatëshin, pallatin e kulturës, Skënderbeun dhe vazhdova të eci nëpër bulevard drejt universitetit. Kur, nga pas, dëgjova ca të bërtitura. Kthej kokën, kur ç'të shoh? Një turmë e madhe njerëzish po vinte drejt meje. Në duar mbanin ca parulla prej kartoni, që nuk pata kohë t'i lexoj, ca flamuj të Europës dhe ca flamuj amerikanë. Atëherë fillova të nxitoj hapat, mirëpo i nxituan edhe ata. Aq shumë bërtisnin, saqë asnjë fjalë s'u merrja vesh. Ata filluan gati të vraponin duke ulëritur. Unë ia dhashë vrapit. Mirëpo, kur më panë mua, ia dhanë vrapit dhe ata. Vrapova i ndjekur nga turma deri te Kryeministria. Aty, një kordon me policë, me mburoja dhe me skafandra në kokë, kishin bllokuar rrugën. Tentova të devijoja nga e majta. Më bllokuan. Tentova nga e djathta. Prapë më bllokuan. Atëherë iu drejtova një polici të shëndoshë, që m'u duk si komandant:

- Ore, zoti polic! Unë kam orarin e shëtitjes nga liqeni. Po më penguat, do më ikin të gjitha mendimet.

Ai më pa njëherë gjithë inat, pastaj ulëriti:

- Kapeni organizatorin! Vërini hekurat!

Pa arritur unë të shpjegohesha apo të thosha një fjalë, ndjeva pas koke një goditje të fortë. E përmblodha veten dhe iu ktheva përballë atij që më qëlloi:

- Ore, zoti polic!...

Më goditi një si hu i madh, i zi, mu në lule të ballit dhe humba ndjenjat.

Kur u zgjova, ndjeva një si erë urine. M'u kujtua kopshti. Por, jo. S'isha në kopsht. Shikoja vetëm ca mure me mbishkrime: "Ju më vini prangat, por unë kam Xhemilen". "Rroftë qeveria! Poshtë policia!". Përballë meje ishte një derë metalike me një dritare të vogël në mes. Sa u ngrita unë të hap dritaren, u hap dera. Përballë meje, një polic i gjatë me një hundë të madhe. Unë i zgjata dorën për t'i thënë: "Si je?", kur ai më kapi për flokësh dhe më tërhoqi zvarrë nëpër korridor. Hapi një derë dhe më plasi në një karrige:

- Çfarë lekësh do ti, more mut-muti? Kjo qeveri ju bëri me prona, ju i kërkoni lekë.

Unë e shikoja si guhak dhe nuk merrja vesh asgjë. Ai vazhdonte të ulërinte:

- Unë të kalb në burg, more mut-muti, se tubimin e kishit pa leje. Më hidhnit edhe parulla antiqeveritare, pale!

Sa u bëra gati unë të flas, ai ulëriti prapë:

- Mbylle gojën! Ti do të flasësh vetëm kur të të pyes unë dhe do të nënshkruash me vullnet të plotë çdo procesverbal që do të të jap unë!

Më mori prapë zvarrë nga flokët dhe më plasi në qeli. Tri ditë e tri net në qeli. Natës së varrit do t'ia tregoj. Atje, policët ishin me tre turne. Çdo turn që vinte, më këpuste nga një të rrahur. Po, ç'të rrahur! Me metoda nga më të ndryshmet. Herë me shkelma dhe me grushta, herë me një si hu të zi. Sa herë që më qëllonin, unë bërtisja nga dhimbja. Ata më thonin: "Pusho!". Unë nuk pushoja dot. Ata më qëllonin më fort. Atëherë nga dhimbjet filloja të qaja. Ata rrih, unë qaj. Mirë të rrahurat, por kur më pështynin dhe më thonin: "Ptu! Qelbësirë!". Aty ia jepja kujës me të madhe. Siç duket, e qara ime atyre u ngrinte nervat dhe më shqepnin fare. Kur më vërsuleshin tre policë njëherësh - bam, bam, bam, bam - më binte të fikët. Dhe me siguri që ata largoheshin tërë inat që s'më kishin rrahur tamam. Pas tri ditësh e tri netësh dru, më vunë përpara një shkresë:

- Je dakord tani, besoj, që ta firmosësh këtë?!

- Sigurisht, - u thashë.

E firmosa pa e lexuar fare.

- Se tani jemi në demokraci. Kemi shtet demokratik. Prandaj dhe u sollëm mirë me ty, apo jo? I kemi respektuar të gjitha të drejtat e asaj kartës... si quhet... të Hale-sinkit, apo jo?

Dhe unë, me lot në sy, ia ktheva:

- Po, more, po! Por te liqeni pse s'më latë të shkoj?!

Te dera e policisë më priste një turmë e madhe njerëzish. Sa më panë, m'u vërsulën, më ngritën në krahë dhe filluan të bërtisnin: "Fitore! Fitore!". Pastaj më plasën në shesh dhe u larguan gjithë gëzim. Kur pyeta më vonë, mora vesh që ishin fshatarë nga një fshat i largët malor. Kishin fituar ca lekë si dëmshpërblim, ngaqë rruga rurale u kishte prishur gardhet.

Që aty, drejt e në shtëpi. Mezi ecja nga të rrahurat, por ama nxitoja. Isha gjithë merak. Si do kishte bërë ajo pa mua ato tri ditë?! Çfarë do kishte ngrënë? Çfarë do kishte pirë? Si do kishte fjetur pa mua?

Kur hyra në shtëpi, e gjeta të shtrirë, ja, në këtë kolltuk. Tavolina ishte rrëmujë. Pjata të palara dhe katërmbëdhjetë shishe vere bosh. Ajo hapi sytë përgjysmë dhe më tha me një zë të ngjirur:

- Erdhe, mor kurvar? Nga bridhje?

Unë iu afrova dhe i përkëdhela flokët:

- Hë, moj zemër, si je? Më mori malli për ty!

Ajo u ngrit me rrëmbim dhe me vrap vajti në banjo. Nuk arriti as të mbyllte derën kur: "Buuuuuu!", filloi të villte. U ngrita t'i shkoj në ndihmë, kur ma përplasi derën në surrat:

- M'u zhduk! Maskara! Kurvar!

Dhe: "Buuuuuu!", villte. Duke vjellë e duke ulëritur. E ç'nuk nxirrte nga goja. Dhe të gjitha nga shqetësimi. Nga meraku dhe shqetësimi i mungesës sime. Kur doli nga banja, dyllë e verdhë, fillova t'i shpjegoj, me pak fjalë, ç'më kish ndodhur. Për ta qetësuar. Kur ajo u egërsua më keq:

- Po ç'të duhet politika ty, mor budalla?!

Pastaj mori çantën dhe, duke iu marrë këmbët, u drejtua nga dera.

- Po shkoj në punë unë, - dhe doli.

Pu-pu-pu! Se si do punonte në atë gjendje?!... Megjithëse kishte kohë që punonte natë-ditë. I tërë dikasteri ishte në këmbë. Po afronin zgjedhjet.

S'kaloi shumë dhe filloi fushata elektorale. Unë, si zakonisht. Punë-liqen. Mirëpo, s'të linin rehat! Më troket një ditë dera. Ishte Tixhja me ca fletushka në dorë.

- Amon, t'u bofsha! - më tha. - Jepja votën Selimit, burrit të Meremes.

Selimi kishte bërë tre muaj kurs dhe punonte avokat, kurse Meremja ishte shitëse buke.

- Po pse moj Tixhe? - i thashë. - Pse t'ia jap Selimit?

- Qi gruja vet të ma japi bukën e ngrofët.

Pas asaj dite, dymbëdhjetë vetë erdhën e më

kërkuan votën. Njëri do na binte dritat, tjetri do na binte ujin, pa do na shtronin rrugët, pa do na rrisnin rrogat... Nuk dije kujt t'ia jepje votën më parë. Por njëri ma bëri borxh: "Sa para do, - tha, - t'ia japësh votën filanit?". E di si u bëra?! "Po a shiten idealet me lek, mor?!", desha t'i them. Po nuk i thashë gjë. I thashë që do mendohesha.

- Sa të mendohesh ti, janë mbaruar paratë, - dhe iku duke më sharë: - Budalla! Idiot! Edhe pa brekë në bythë, edhe bën pordhë.

Ke parë ti?! O donte të bëhej deputet tjetri, o s'ka. Po, ç'e duan xhanëm? Ç'e duan mandatin? A ka më keq se të jesh politikan? Të jesh ministër? Të jesh president? Le që do mbash në kurriz gjithë hallet e popullit, po hajde duro edhe të sharat. Se ata me njëri-tjetrin, pozitë-opozitë, vetëm shahen. Zanati më i vështirë në botë, për mua, është politikan. Se si, goxha burrë të durojë ditë për ditë, nga mëngjesi në mbrëmje, t'i thonë: "Hajdut, maskara, gënjeshtar, mashtrues, gjakpirës!", unë nuk e kuptoj. Unë për vete s'do kisha duruar. Dhe kur shikoj që me gjithë këto të shara që hanë, ata hiç, prapë të qetë vazhdojnë punën, them me vete: "Bravo u qoftë! Të tillë njerëz i duhen kombit!". Mua, në një rast më pështynë dhe më thanë "qelbësirë" ca policë dhe s'pushoja së qari, jo më... Nejse!

Ditën e votimit, në mëngjes, ra prapë dera. Vura syrin te syri magjik. Asnjeri. Sa hoqa syrin nga syri, ra prapë dera. E hapa me ngadalë dhe me një farë frike. Para këmbëve të mia ishte një djalë i vogël, nja pesë-gjashtë vjeç. Në dorë kishte ca fletushka. E kuptova nga ngjyra që ishte rom.

- Urdhëro, xhaxhi! - i thashë.

Ai më zgjati një fletushkë, pa më parë në sy. Pastaj i ngriti sytë, më pa si me lutje dhe më tha:

- Do votosh për babin tim, ti xhaxhi? Po u bë babi

deputet, do më blejë këpucë të reja. Të lutem, xhaxhi!

Atëherë hyra me vrap në kuzhinë. Mora ç'më zuri dora: bukë, djathë, sallam, vezë, njëra për dreq m'u thye nga nxitimi, domate, i futa në një qese dhe ia dhashë djalit të vogël.

- Si e ke emrin ti, xhaxhi? - e pyeta

- Ronaldinjo.

U ktheva me vrap në kuzhinë. Nxora nga poshtë divanit një top të vjetër, të shfryrë dhe ia lashë në dorë djalit.

- Paç fatin e Ronaldinjos! - i thashë dhe mbylla derën.

Kur u ktheva në kuzhinë, nuk e di pse, po më hipi një e qarë. Më dilnin lotët vetë. S'po e mbaja dot veten. M'u kujtua një rom që e kisha në klasë, në fillore. Në çdo pushim të madh, ai dilte nga klasa, shkonte në banjë dhe mbyllej aty. Vonë e kuptova... nuk na shikonte dot ne kur hanim bukën që kishim marrë me vete.

Eh! Lloj-lloj kujtimesh ka njeriu. Kur i kujton, ca të bëjnë për të qeshur, ca për të qarë, ca të bëjnë të mendohesh... Por, më të këqijat, më të tmerrshmet, janë ato që të sëmurin. Të sëmurin shpirtin. Dhe kur sëmuret shpirti, njeriu pastaj s'di ç'bën. Po ka dhe më keq akoma. Ka kujtime që të vrasin.

Nejse! Njeriu, do, s'do, do kujtojë. Po e mira është, them unë, të kujtojë ata që nuk janë më. Ose të paktën mos t'i harrojë. Unë, p.sh., s'kam si ta harroj babanë. E kujtoj gjithmonë. Dhe më kujtohet si tani ajo natë kur babai u sëmur. S'ishte sëmurur kurrë në jetë, me përjashtim të ndonjë gripi, kur befas zuri krevatin. I shkova te krevati dhe i thashë të merrnim urgjencën. Kur atij i filluan të dridhurat dhe filloi të bërtiste. Ai, që tërë jetën nuk kishte bërtitur një herë.

- Jo urgjenca! Jo doktor!

Po unë s'kisha ç'bëja. S'kisha si ta ndihmoja vetë. Mora në telefon urgjencën.

- Nga se vuan pacienti? - u dëgjua një zë i përgjumur.

- Nuk e di, më duket se nga zemra.

- Çfarë simptomash paraqet?

- Nuk lëviz nga krevati. Mezi merr frymë dhe sytë i mban të mbyllur.

- Nga se ankohet? Çfarë thotë?

- Thotë vetëm: "Jo urgjenca, jo doktor".

- Atëherë ç'mutin deshe që na more, kur ai nuk do doktor?

- Nuk e do ai, po e dua unë.

- Pse edhe ti je i sëmurë?

- Jo, jo! Unë nuk jam i sëmurë.

Dhe ndërsa babai po rënkonte në krevat, nuk m'u durua dhe i ulërita në telefon:

(Flet gati në të qarë.)

- Ju lutem! Hajdeni sa më parë, se babai po më vdes!

- Shyqyr që fole një herë si burrë, - tha zëri. - Për dhjetë minuta na ke aty, - dhe e mbylli telefonin.

Pas njëzet minutash mora prapë në telefon:

- Ju lutem!...

- E morëm vesh. Po prit se ka radhë puna. Ti je i gjashti.

Pas njëzet minutash të tjera mora prapë në telefon:

- Ju lutem shumë! Ju kam marrë tri herë në telefon dhe ju akoma nuk po vini.

- Edhe tridhjetë herë të marrësh, s'kemi si vijmë, se nuk na ke dhënë adresën.

Pas një ore e gjysmë, babai u bë keq fare. As jepte, as merrte. Vetëm merrte frymë me zor. Ia kapa dorën me ngadalë, kur në moment u hodha përpjetë. Nga poshtë pallatit u dëgjua një zhurmë e tmerrshme. Ngjante si zhurmë tanku. Pas pak filloi një sirenë alarmi. Thashë mos ka rënë zjarr gjëkundi dhe dola në dritare. Sirena vazhdonte si e tërbuar sa zgjoi nga gjumi tërë lagjen. Nga dritaret e pallatit përballë dolën ca koka njerëzish, që filluan të bërtisnin:

- Mjaft! Boll! Mbylle atë mut sirene se na çmende! Se na qenka sëmurë njëri, duhet të vdesë tërë lagjja nga zhurma?!

Zhurma dhe sirena pushoi. Dalëngadalë, nga autoambulanca zbritën dy burra me bluza të bardha dhe hynë në shkallën time. Kur u hapa derën, njëri po shante e po mallkonte. Ishte rrëzuar e kishte vrarë gjurin, se shkallët s'kishin drita. Hynë brenda dhe u rehatuan në divan. Njëri kërkoi lëng portokalli se vuante nga kolesteroli, ndërsa tjetri dopjo raki dhe kafe.

- Portokalla për fat të keq nuk kam, - i thashë. - Më janë mbaruar.

- Po çfarë dreqin ke, se na është tharë fyti nga stresi?

- Kam banane.

- Më bjer nja katër a pesë copë, se s'kam ngrënë as darkë.

U çova me vrap. Po me vrap u nisa të bëja kafenë.

- Me pak sheqer, - ulëriti ai që kishte një stetoskop në qafë.

Në moment u kujtova që në shtëpi nuk kisha pikë rakie. Ma kishte pirë një natë më parë Femiu, meqë nuk i pëlqente më rakia e klubit të vet.

- Më fal, zoti doktor, por raki nuk kam në shtëpi.

- Po ç'mut shtëpie është kjo, që nuk mban një pikë raki për mysafir?

Atëherë, unë u kujtova.

- Më fal, zoti doktor! Raki nuk kam, por më duket se kam uiski.

- Lëre atë "më duket" dhe më bjer shishen. Dhe kujdes, se mos të derdhet kafeja!

Siç duket, ngaqë ai ulërinte fort, im atë filloi të rënkonte.

- Ju lutem! - i thashë. - Ma shikoni njëherë babanë e pastaj pini sa të doni!

Me zor të madh shkuan të dy te babai i shtrirë. Njëri i ngriti bluzën dhe kanotierën dhe i vuri veshin te zemra. Ngriti kokën, pastaj ia vuri prapë veshin te zemra.

- Më fal, zoti doktor! - i thashë. - Pse nuk përdor më mirë atë veglën që mban varur në qafë?

- Stetoskopi nuk punon, - më tha. - I janë bllokuar tubat. I ka kaluar skadenca. Presim tenderin e ri.

- Çfarë ka babai, doktor?

- Diçka do ketë. Pastaj, kur nuk e di ti, që e ke baba kaq e kaq vjet, nga ta di unë për dy minuta që e pashë?!

Vendosëm ta çojmë në spital. Për ta zbritur, duhej barela. Kur njëri pinte uiski, tjetri zbriti poshtë dhe solli barelën. Tre burra, mezi e vumë babanë në barelë. Mezi e nxorëm nga dhoma dhe dera e jashtme. Filluam të zbrisnim shkallët. Për dreq, shkallët e pallatit janë tepër të ngushta. Megjithatë, ia hodhëm. Erdhi sheshpushimi i parë ndërmjet kateve. Barela nuk kalonte. E kthyem barelën pak skiç për të kaluar... kur... babai na ra nga barela dhe u rrokullis nëpër shkallë. Në të tria sheshpushimet ndodhi e njëjta gjë. Babai binte nga barela dhe rrokullisej nëpër shkallë. Mbërritëm tek autoambulanca. Tentuam të hapnim derën e pasme për të futur barelën. Dera nuk hapej. Ishte prishur brava. Tentuam me forcë... e pa mundur... Shoferi, që po flinte në timon, u zgjua nga zhurma, mori një gur të madh dhe theu xhamin anësor të makinës.

- Hidheni brenda! - dhe ndezi makinën.

Ndërmjet xhamit të thyer e hodhëm babanë brenda autoambulancës. Dy mjekët hipën në makinë. Desha të hipja dhe unë, po më thanë që s'ka vend. E ndoqa autoambulancën me vrap, deri në spital. Te shkallët e spitalit, autoambulanca ndaloi. Ndalova dhe unë, i rraskapitur e qull në djersë. Ma nxorën babanë dhe ma lanë te shkallët e spitalit. Barelën e futën prapë në makinë.

- Të shkuara babait! - më thanë. - Tani po ikim. Na mbytën të sëmurët!

Nga shkallët e spitalit zbriti një mesoburrë, i pa krehur, i dobët dhe me sytë si topa pingpongu.

- Ç'e ke këtë? - dhe më tregoi me gisht babanë e shtrirë.

- Baba.

- Po kur e ke baba, ç'pret? Merre në krahë dhe hajde pas meje.

E mora të gjorin në krahë me sforco të madhe.

- Nuk keni ndonjë mjet ju, si spital?

- Barela nuk kemi, - ndërkohë ngjiteshim nëpër shkallë. - Presim të ngrihet grupi i punës, i cili do të përcaktojë kriteret e përzgjedhjes së anëtarëve të komisionit, që do të merret pastaj me organizimin dhe garantimin e transparencës në tenderin e barelave.

Dhe pastaj ulëriti:

- Që i pafsha të gjithë në barelë, o Zot!

- Po ashensori? - dhe vazhdoja ngjisja shkallët unë.

- Ka dy muaj i prishur. Thirrëm një teknik për ta rregulluar, që kishte qenë marangoz. Duke punuar, ra padashje në gropën e ashensorit. Theu kollonën dhe vdiq.

- Kemi edhe shumë?

- Edhe katër kate.

Sa dëgjova këtë, "Bum!", më ra babai në tokë dhe u rrokullis nëpër shkallë.

- Idiot! Ai të ka bërë kokën, ti e rrëzon nëpër shkallë! - ulëriti sy pingpongu.

Kur mbërrita në katin e gjashtë dhe pingpongu më hapi një derë, hyra, e shtriva babanë në dysheme dhe i rashë vetë përsipër, gjysmë i vdekur nga lodhja. Pingpongu doli në korridor dhe filloi të thërrasë ca emra femrash. Erdhën dy femra të veshura me të bardha. Njëra me cica të mëdha, tjetra pa cica fare. Më ngritën peshë dhe më plasën në krevat. Sy pingpongu po merrej me babanë e shtrirë. E la babain dhe m'u afrua mua.

- Hidh këtu një pesëmijë lekësh për një serum, se tjetër gjë s'kemi ç'të bëjmë!

I thashë që s'kisha nevojë për serum, por kisha hallin e babait.

- Lëre mor atë, - më tha, - ai ka vdekur, po bëji derman vetes, se mezi po merr frymë.

Fillova të qaja me të madhe. Desha të ngrihesha. S'më lanë.

- Mos qaj, - tha pingpongu, - se do vdesësh edhe ti. Më jep pesëmijëlekëshin për serum.

I thashë që s'kisha asnjë lek me vete. Në krevatin ngjitur ishte i shtrirë një burrë i parrojtur, që kishte në krah një tub të hollë, që zbriste nga një shishe serumi. Në gojë kishte një maskë oksigjeni. Sytë i kishte të zgurdulluar më keq se pingpongu. Mirëpo me sa dukej nga veshët ishte mirë, se kur dëgjoi fjalën serum filloi të bënte me shenja. Tregonte me gisht serumin e vet dhe pastaj gishtin e drejtonte drejt meje. E kuptova menjëherë gjestin e tij fisnik dhe vetëmohues. Ai donte të më shpëtonte jetën mua, duke sakrifikuar jetën e vet. Epo, një gjë të tillë unë s'mund ta pranoja. Menjëherë më vajti mëndja: hoqa me nxitim orën e dorës, që ishte një "Omega" e vjetër, e trashëguar brez pas brezi dhe ia zgjata sy pingpongut.

Ai e vuri në vesh dhe, pasi u bind që ora punonte, doli me vrap. Pas njëzet sekondave u kthye me serum në dorë. Ma ngulën serumin në krah, morën babanë e vdekur dhe bashkë me të dolën nga dhoma. Fillova prapë të qaja me të madhe për vdekjen e babait. Por, më shumë qante i parrojturi ngjitur me krevatin tim. Qante, shante e mallkonte doktorët dhe mbi të gjitha më shante e më mallkonte mua: "Maskara! Kriminel! Vdeksh ishalla!". Më vonë e mora vesh që ai i ziu i kishte lënë të gjitha paratë në bixhoz, kishte shitur dhe shtëpinë, gruaja e kishte ndarë, fëmijët s'i flisnin me gojë dhe ai kish pirë bar miu për të vdekur.

Të nesërmen dola nga spitali. Mora babanë nga morgu dhe e çova në shtëpi. Pastaj, siç e kemi zakon ne: ceremonia e varrimit, kurorat, dreka pas varrimit, të tretat, të shtatat, të nëntat, të dyzetat... Dhe në secilin rast shtrohej një drekë e madhe me të ngrëna e të pira. Në fund fillonte kënga sa tundej lokali.

- Pse s'këndon edhe ti? - më thonin dhe kthenin gotat me fund.

Mua më vinte për të qarë.

- Këndo, - më thonin, - se dhe yt atë ka kënduar

njëherë.

- S'e mbaj mënd.

- Ka kënduar Himnin e Flamurit në parakalimin e 1 Majit.

Pastaj më thonin që çdo gjashtëmujor dhe çdo përvjetor duhet të bëja nga një drekë të tillë. Më puthnin të gjithë me radhë, duke më bërë gjithë pështymë, dhe largoheshin të kënaqur.

Lekët e varrimit, me pak sforco, munda t'i përballoj vetë. Pastaj, për të tretat dhe të nëntat, mora borxh. Për të tjerat, pasi nuk më jepte më njeri borxh, fillova të shes plaçkat e shtëpisë. Dhe ja, siç e shikoni, vetëm këto më kanë mbetur.

Por prapë nuk qahem. Edhe këto që kam, boll i kam. E rëndësishme është harmonia. Harmonia me veten dhe me të tjerët. A jam i qetë unë? A e kam mirë gruan? Kaq më mjafton. Ja, tani ajo do të vijë, do më puthi pllaq e plluq në faqe... Edhe në qoftë se nuk vjen tani, do vijë pak më vonë. Me siguri e kanë mbajtur në punë. E mbyti ai shefi i vet, e mbyti! As të dielave nuk e lë rehat. E thërret në punë. Dhe unë pres. Ç'të bëj? Ka të tjera, që janë pa punë fare. Ka të tjera që i heqin nga puna. Ajo të paktën punon. Punë e madhe se pres unë! Unë jam mësuar duke pritur... megjithëse, të them të drejtën, njëherë u bëra vërtet merak.

Kisha shtruar tavolinën si zakonisht dhe po prisja. Kisha bërë qofte me patate, sallatë jeshile, sallatë ruse, nja dy bërxolla me djathë të bardhë e kaçkavall të skuqur dhe nuk më kujtohet tjetër. Mirëpo po vonohej. Mua filloi të më marrë uria, por kuptohet që s'mund të filloja pa ardhur ajo. Piva nja dy gota me ujë për të mbushur stomakun dhe u mbështeta në divan. Duhet të më ketë zënë gjumi, se kur hapa sytë ishte natë. Tavolina ishte e pa prekur. E prita tërë natën, herë zgjuar e herë duke dremitur nga pak. Ku nuk më shkonte mendja... Piva edhe dy gota të tjera me ujë. Kur desha të pija të tretën, pashë që edhe uji ishte mbaruar. Atëherë fillova të vija vërdallë nëpër shtëpi. Nuk dija ç'të bëja. Kur vajti ora tetë e mëngjesit dhe ajo nuk po vinte, fillova ta mendoja situatën me qetësi. Nga të gjitha variantet që mendova me qetësi, zgjodha të parin: të vishesha dhe të dilja ta kërkoja! Ndërkohë që po vishja pantallonat, bie dera. Erdhi! Shkova me vrap tek dera. Pantallonat më ranë në fund të këmbëve. Thashë t'i ngrija, por pastaj u mendova. Do t'i bëj një surprizë. Do ta pres te dera me brekë... domethënë, gjysmë i gatshëm... e kuptoni vetë ju. Vura syrin te syri magjik. Vetëm dera e komshiut përballë dukej. Atëherë e kuptova. Siç doja unë t'i bëja një surprizë, po ashtu donte të më bënte edhe ajo. Të fshihej prapa derës që unë mos ta shikoja. Mirëpo unë ia kuptova hilenë. Dhe që nga brenda bërtita: "Ta kuptova hilenë, ta kuptova!" dhe hapa derën me vrull. Para meje qëndronte një djalë i vogël nja shtatë-tetë vjeç.

- Xhaxhi! Të kanë rënë pantallonat, - më tha.

- E di, - i thashë.

Nxori nga xhepi një faturë dhe ma zgjati me frikë.

- Ma dha Femiu. Janë lekët që s'ke paguar. Sot ai ka ditën e qerasë.

Ma la në dorë dhe iku me vrap. Në atë moment më filloi një dhimbje koke e tmerrshme. Kapa kokën me të dyja duart dhe nuk isha në gjendje të mbyllja derën. U bëra si i tërbuar. Ngrita pantallonat, mbylla derën dhe me vrap te stacioni i autobusit. Thosha me vete, mos ka punuar gjithë natën dhe tani e gjej prapë në punë. Autobusi ishte në stacion. E pashë nga larg. Atëherë shtova shpejtësinë e vrapit dhe me shpirt ndër dhëmbë mbërrita. Sa bëra të hipi te dera e pasme, shoferi ma mbylli derën mu në turi. Sa nuk më zuri hundën. I bëra me dorë që ta hapte, por ai u nis. Fillova ta ndiqja autobusin me vrap, mirëpo ai qen e bir qeni e rriti aq shumë shpejtësinë, sa që nuk e kapa dot. Pa e ndaluar vrapin, pas nja treçerek ore, mbërrita te puna e saj. Duke m'u marrë fryma, mezi i thashë rojës te dera:

- Ku është ajo?

- Kush? - më tha ai.

- Nuk e di ti se kush? - i thashë. - Sa herë kam ardhur për ta përcjellë e për ta pritur?!

- Aaaaa! Po ajo nuk punon më këtu, - më tha. - Ka dalë në pension.

- Po mirë, - iu ktheva, - po të çmendurit si puna jote kur do dalin në pension?

Filloi aq shumë të më dhimbte koka, sa nuk mbaj mënd gjë. Më duket se më ra të fikët dhe u rrëzova. Kur hapa sytë, nuk e di pas sa kohësh, isha në spital.

- Ku është ajo? – pyeta.

- Mos u mërzit, - më tha një grua me përparëse të bardhë. - Do të vijë.

Më mbajtën dy javë në spital. Kot më mbajtën, se unë s'kisha asgjë. Më jepnin ilaçe. Kot m'i jepnin, se mua s'më dhimbte gjë. Ajo nuk erdhi asnjë ditë. Kisha dhënë urdhër të prerë që ajo të mos vinte. Pse të shqetësohej kot? Pak shqetësime kishte në punë?! Pastaj, unë nuk isha i sëmurë. Po, si gjithmonë, edhe në spital, më ndoqi tersi. Më qëlloi një doktoreshë e çmendur, që më mbante me zor në spital. Më në fund, iu mbush mëndja dhe më nxori. Më dha dhe ca ilaçe me vete. Te oborri i spitalit ishte një kosh plehrash. Ktheva kokën pas mos më shikonte njeri. I hodha ilaçet e asaj të çmendurës brenda dhe ia dhashë vrapit. Pas gjysmë ore vrapi isha në shtëpi. Hapa derën dhe direkt zura hundët me dorë. Vinte një erë e qelbur që të zinte fytin. Të gjitha ushqimet mbi tavolinë ishin prishur. Domethënë që ajo nuk kishte ardhur në shtëpi. Mendova në fillim që do t'i kish humbur çelësi. Po pastaj thashë me vete: "Mirë, po pse nuk e ka shpërthyer derën?".

Atëherë zbrita me vrap te klubi i Femiut. Ai ishte te lavamani dhe po lante ca gota. Ishte me kurriz nga unë.

- Mos e ke parë gjë atë? Ka kaluar ndonjëherë këtej?

Femiu ktheu kokën dhe më pa me vëmendje. Pastaj fshiu duart me ngadalë, m'u afrua dhe më zgjati dorën.

- Po ku je mor profesor? Ke humbur fare. Kemi dy javë pa u parë.

- Kam patur ca punë, - i thashë, - nuk kam qenë në shtëpi.

- E di, e di, - më tha, - po hajde ulu, pije një teke nga unë.

- Nuk kam si të pi teken, se e di që të kam ca borxhe, - i thashë, - po a e ke parë atë?

- E kam parë, e kam parë, - më tha.

- E ke takuar? Të ka thënë gjë? Kur do të vijë?

- Do të vijë, do të vijë! - më tha Femiu dhe më mbushi një teke.

Na nxori dhe ca meze dhe filluam të pimë të dy nga një gotë raki.

- Hë! - më tha Femiu. - Na trego ndonjë histori tani!

Dhe, fillova unë. Histori pa fund. Pi raki e trego histori. Femiu çohej, lante enë, lante gota, u shërbente klientëve që iknin e vinin, por ama, gjatë gjithë kohës, mua më dëgjonte. Ishte shumë i kujdesshëm. Në fund mbetëm vetëm ne të dy në lokal. Ishte bërë vonë. Ora po shkonte dymbëdhjetë e gjysmë. Unë po i tregoja atë historinë që më kishte ndodhur në plazh, kur hëngra peshk të freskët dhe u helmova. Pasi mbarova historinë, i them Femiut që dëgjonte:

- Nuk e di, të kënaqa apo jo, por unë për vete u kënaqa! Tani po çohem se u bë vonë. Dhe për lekët mos u bë merak. Sa të marr rrogën, do t'i jap. Ika tani, se ajo po më pret. Do të jetë bërë dhe merak. Do e shoh që nga dera e lokalit. Do jetë duke më pritur në dritare, apo jo?

Dhe u bëra gati të ngrihesha. Kur Femiu s'më la të ngrihesha. M'i kapi të dyja duart mbi tavolinë, më pa drejt e në sy dhe më në fund hapi gojën. Kishte katër orë e gjysmë që nuk fliste. Vetëm dëgjonte.

- Ore xhan i vllait! - më tha. - Pa mblidhe pak veten! Pa kujtohu një herë!

- Po, ashtu më thanë, që peshku ishte i freskët, - i thashë.

- Mor, po, lëre peshkun! Ty, more xhan i vëllait, ka dy vjet që të ka vdekur gruaja.

- Si, si?! - i thashë.

Dhe ai prapë:

- Ka dy vjet që të ka vdekur gruaja. A të kujtohet? A të kujtohet që nuk prite asnjë ngushëllim dhe qaje i vetëm në shtëpi natë e ditë? A të kujtohet që nuk le njeri ta varroste? Po që thirrëm policinë pas ca ditësh, se u qelb pallati nga era e kufomës? A të kujtohet?

(Pauzë.)

Atëherë... Atëherë... Atëherë... *(Mbërthen kokën me të dyja duart.)* Pse më dhemb kjo dreq koke? Pse më dhemb kaq shumë? "Pi ilaçe!", më thonë mjekët. Asgjë s'më bëjnë ilaçet. Kjo prapë më dhëmb. Dhe më dhëmb kaq shumë, saqë më vjen ta marr e ta hedh nga dritarja. Dhe kur të bjerë poshtë, t'i bjerë Femiut mu në kokë. Unë vërtet i kam borxh atij, por ai, me ato që më tha, ma bëri kaq borxh sa s'ka. Prandaj dhe iu ktheva:

- Edhe ti, o Femi?! U çmende dhe ti? Mirë tërë ata të çmendur, që më japin dorën dhe më thonë: "Të rroni vetë!", por dhe ti?!

- Ore, xhan i vëllait! - vazhdoi ai.

- Lëre xhanin, - i thashë, - nuk bëj muhabet me të çmendur unë. Por lekët do t'i kthej. Sa të marr rrogën.

Dhe ika nga lokali. Ika se ajo më priste. Hyra brenda. Akoma s'kishte ardhur. Atëherë, thashë me vete: "Pa u menduar mirë, nuk ka s'i zgjidhet kjo punë!". U mendova mirë e mirë dhe vendosa: do dal ta kërkoj!

Dola. Nuk lashë vend pa kërkuar. Ditën dhe natën. Në punë, nëpër lokale, nëpër rrugë, nëpër rrugica, poshtë urave, nga liqeni, nëpër parqe. Shkova nëpër spitale, nëpër policira... Asgjë. Nuk e pashë që nuk e pashë. Atëherë fillova të pyes. Mora një fotografi të saj dhe fillova të pyes të njohur e të panjohur. Në rrugë, në kafene, në autobus, në tren. Një herë, një plak më tha: "Ik, se e ke në varreza!". Vajta në varreza. Nuk e pashë gjëkundi. Vetëm ca plaka pashë, që po pastronin ca varre. Kur i tregoja fotografinë dhe i pyesja, të panjohurit ngrinin supet, kurse ata që më njihnin, më thoshin po të njëjtën gjë: "Do të vijë, do të vijë!". Dhe unë nuk i humba shpresat. Se ajo patjetër që do të vijë. Bën dot ajo pa mua? Sidomos sot që ka ditëlindjen do të vijë patjetër. *(Pauzë.)*

Nuk kam as celular që ta pyes pse po vonohet. Sa herë që blej, ma vjedhin në autobus. S'kanë faj. Duan të hanë dhe hajdutët. Kam frikë mos më zë gjumi. Ajo vjen, i bie derës, unë po në gjumë s'dëgjoj, ajo mërzitet dhe ikën. Kush e di sa herë mund të ketë ndodhur kështu. Prandaj më mirë të rri në këmbë, se në këmbë s'të zë gjumi. Ja!... Prapë m'u kujtua. M'u kujtua kali i repartit. Ishte një repart ku ne bënim zborin ushtarak. Kalin e shkretë e ngarkonin gjithë ditën me bidona me ujë. Në mbrëmje ia hipte komandanti dhe e ngiste si i tërbuar. I binte dhe me një shkop të trashë në qafë. Atë kalë vetëm unë e ushqeja, unë e përkëdhelja, i fërkoja kurrizin, i krihja bishtin... Një ditë, kali po rrinte para repartit. Në këmbë, siç rrinë kuajt. Unë iu afrova, zgjata dorën, e përkëdhela, kur ai theu të katër gjunjët, u shtri përtokë dhe dha shpirt. Mua filluan të më dalin lot. U ula, e përkëdhela, e përqafova. Lotët nuk më pushonin.

Fillova të qaja me dënesë. M'u duk sikur e vrava unë, me përkëdhelje. Edhe tani kur e kujtoj, më vjen për të qarë. Gjithë jeta ters do më vejë mua? Shoh ca të tjerë, që tërë ditën gëzojnë, qeshin. Por edhe unë... edhe unë kam mundësi të qesh. Dhe të qesh me të madhe bile, me tërë ata që më thonë se jam i çmendur. Po ja që më vjen dhe për të qarë. Të gjithë më ngushëllojnë dhe më thonë: "Të rroni vetë!". Për gruan, me siguri. Unë u them "faleminderit" dhe më vjen për të qeshur. Siç po më vjen dhe tani.

(Fillon qesh avash, derisa përfundon në një të qeshur shpërthyese. Befas ndalon.)

Ashtu siç më vjen dhe për të qarë. Po si të mos qash, si të mos qash kur kjo botë është plot me të çmendur?! Të gjithë janë të çmendur, secili në mënyrën e vet. Dhe ka akoma. Breza të tjerë të çmendurish na presin. Do të vijë një kohë, pas shumë e shumë vitesh, kur njeriu i parë normal që do të lindë, do të vdesë nga trishtimi që nuk lindi dhe ai i çmendur si gjithë të tjerët. Po, se mos është faji i të çmendurve që janë të çmendur. Ata ashtu janë ose ashtu janë bërë. Më kujtohet një herë një ministër i çmendur... *(Ndalon.)* Ooooo! Boll tani me kujtime. *(Kap kokën me të dyja duart.)* Se po më dhemb dhe koka. Dhe ilaçet më janë mbaruar. Në farmaci, po, nuk shkoj dot, kuptohet. Ja erdhi ajo dhe s'më gjeti këtu? Me siguri që do të mërzitet shumë. Bile edhe tani atje në punë, ajo do jetë e mërzitur shumë. E di që unë e pres, ajo po, s'vjen dot dhe mërzitet. *(Kap kokën me të dyja duart.)* Kam bërë gabim, kam bërë gabim që nuk e kam hedhur këtë kokë nga dritarja. *(Duke shtrënguar kokën dhe duke iu marrë këmbët, ulet në kolltuk. Përpara ka tortën me qirinj.)*

Më duket se edhe këtë herë ditëlindjen ajo do e festojë pa mua. Edhe unë, po, si gjithmonë, do e festoj pa të. Por, do e festoj ama! Kur të vijë, do më puthi pllaq e plluq në faqe dhe do më pyesë: "Ma festove ditëlindjen?". Dhe unë, pa u ngritur nga kolltuku, do ta marr lehtë përdore, do ta shtri, ja, mu këtu, do ta përqafoj fort, fort, fort dhe ashtu të përqafuar do na zërë gjumi të dyve.

(Merr një shkrepëse në tavolinë dhe ndez qirinjtë e tortës. Pasi i ndez të gjithë, duke parë tortën me mall dhe me lot në sy, fillon këndon.)

Shumë urime për ty! Shumë urime për ty! Shumë urime...

(E mbyt e qara dhe nuk vazhdon dot më. Zë kokën me të dyja duart dhe, duke qarë, fillon të shtrihet ngadalë në kolltuk. Mblidhet kruspull dhe vazhdon të qajë pa nxjerrë zë. Dritat fiken ngadalë. Mbeten të ndezur vetëm qirinjtë e tortës.)

Korrik, 2010

QENI

Dramë

<u>Personazhet</u>
Ai
Qenushja

Ai: Mirëmbrëma! Ju falënderoj që keni ardhur të më dëgjoni, sepse nuk ndodh shpesh që ne njerëzit të dëgjojmë njëri-tjetrin. Duke mos dëgjuar, lind dhe moskuptimi, mosbesimi, zënkat, sherret, konfliktet dhe luftërat me njëri-tjetrin. Prandaj ju them sinqerisht, faleminderit!

Kemi dëgjuar shpesh që ne, njerëzit, kur duam të shajmë një person negativ, i themi: "Ai është qen e bir qeni!". Pra, një qen qenka i keq, aq më tepër kur ai qenka dhe i biri i një qeni. Për mendimin tim, ofeza më e madhe, kur duam të denigrojmë një qenie të gjallë, do të duhej të ishte: "Njeri e bir njeriu!". Sepse vetë njeriu vret dhe asgjëson njeriun, pra vetveten dhe jo qeni-qenin. Vetëm njeriu bën ç'ka në mendje dhe në dorë, të shkatërrojë, të tjetërsojë dhe të përçudnojë planetin tokë. Asnjë gjallesë frymore nuk e bën këtë. Përkundrazi, nëpërmjet të ashtuquajturit zinxhir ushqimor, ato mbrojnë dhe zhvillojnë mbijetesën dhe pafundësinë e qenies së tyre dhe të të gjitha gjallesave të tjera. Sa do të doja të isha një pemë, pa patur frikë se njerëzit do të më sharrojnë me sharrat e tyre vrastare. Do të doja shumë të isha një pemë me rrënjë, trung, degë dhe gjethe. Të lëvizte nëpër dejet e mi ushqim jetësor, nëpërmjet rrënjëve të mija, që të mund të ushqeja trupin, degët, gjethet dhe frutat. Do t'i rrëzoja me kënaqësi frutat në tokën që na mban gjallë, që të mund të trashëgohesha me pemë të reja, më të bukura, më jetëgjata se unë dhe më të afta për të mbijetuar. Mbijetesën e siguron vetëm dashuria. Vetëm dashuria na siguron të ardhmen, jetëgjatësinë, ekzistencën dhe pafundësinë. Jemi krijuar, të gjithë së bashku, për të jetuar, bashkëpunuar e zhvilluar në harmoni. Përndryshe, në këtë planet do të kishte vetëm qenie njerëzore dhe asgjë tjetër. Por si mund të jetojë një njeri në një planet pa pasur përkrahjen, ndihmën dhe bashkëpunimin me çdo qenie tjetër të gjallë?! Nuk mundet. Ta mundësojmë, pra, këtë bashkëjetesë, me dashuri, me përkushtim për çdo qenie! Për çdo gjë që ushqehet dhe mbijeton, nga çdo gjë që na dhuron ky planet i mrekullueshëm, që quhet Tokë.

I lindur, pa dashjen time në një shtëpi private me oborr dhe i rrethuar nga komshinj, me të cilët na ndanin vetëm gardhet e drunjta, fillova dhe u përpoqa të ambientohesha brenda një komuniteti, që nuk e ndaja dot nga familja ime. Kjo gjë, jo thjesht për meritën time, por për klimën që ekzistonte në atë komunitet. Ne, si familje, nuk kishim kafshë apo shpendë në shtëpi, përveç zogjve që uleshin në bahçen tonë, për t'u ushqyer me lloj-lloj insektesh, hurma të pjekura në degë, thërrime buke, që unë ua servirja në oborr, dhe ujin që pinin nëpër pellgjet e vogla pasi binte shi. Komshiu im përballë mbante një qen të bukur. Më pëlqente shumë ai qen. Herë pas here merrja ushqime nga shtëpia dhe ia jepja. Pasi e hante, më lëpinte duke tundur bishtin. U bëmë shokë të mirë. Pas një farë kohe, ai, që më vonë e kuptova që ishte ajo, lindi disa këlyshë të vegjël, identik si vetja. Iu luta babit që një këlysh të vogël ta merrnim ne në shtëpi. Babai, si zakonisht, nuk ma prishi qejfin.

- Ta marrësh, – më tha, - por duhet të kujdesesh vetë për të. Duhet ta konsiderosh si fëmijën tënd. Fëmija do përkujdesje dhe përkushtim.

Pastaj më pyeti si do t'ia vija emrin. Si i vogël që isha, pa u menduar fare, i thashë: Bubi.

- Shumë mirë, – më tha, - Bubi është emër i bukur.

Iu betova babit se do t'i zbatoja të gjitha këto. Dhe kështu ndodhi. E ushqeja, e përkëdhelja dhe flisja vazhdimisht me Bubin. Ai më përgjigjej me mënyrën e vet. Dhe sa mirë kuptoheshim dhe merreshim vesh me njëri-tjetrin. Kur fillova shkollën në klasën e parë, Bubi më shoqëronte çdo ditë për në shkollë. Unë hyja në klasë, ndërsa ai ngjitej nëpërmjet një kazani plehrash në murin e shkollës dhe më priste atje. Kur dilja nga shkolla më shikonte, e shikoja dhe unë, tundte bishtin, zbriste nga muri dhe më hidhej në qafë. Pastaj vazhdonim të dy rrugën deri në shtëpi.

Një nga ditët më të tmerrshme dhe më trishtuese të jetës sime kur kam qenë fëmijë, ishte ajo kur Bubin, pasi dola nga shkolla, nuk e pashë mbi mur duke më pritur. Fillova t'i thërrisja me zë të lartë. Asnjë përgjigje. Përshkova i vetëm rrugën për në shtëpi, duke thërritur vazhdimisht dhe duke kërkuar Bubin tim. Asnjë shenjë. Mbërrita në shtëpi me shpresën se do ta gjeja. As në shtëpi nuk ishte. Shkova me vrap te komshiu, pra te mamaja e Bubit. As ajo nuk ishte aty. Nuk kishte më asnjë qen përreth. Një trishtim i vërtetë. Ku kishin shkuar?! Pse ikën?! Ne të tërë ishim munduar t'i mirëmbanim, të kujdeseshim për ta, të bëheshim njësh me ta. Pse na lanë? Këto pyetje më lanë net të tëra pa gjumë, derisa dikush më tha: "Erdhi ndërmarrja komunale dhe i mblodhi të gjithë qentë, sepse përbëjnë rrezik për qytetarët dhe për sëmundje të ndryshme". Pra, aty e kuptova që i kishin asgjësuar dhe Bubi nuk do të më vinte më. Është njësoj, sipas fjalëve që qarkullojnë, se pushteti vendor i asgjëson me mënyra më të sofistikuara. Megjithatë, këto qenie nuk mbajnë mëri, nuk hakmerren. Ato vazhdojnë të na mbrojnë dhe të na falin dashuri. Hakmarrja është një veti, që u përket vetëm njerëzve.

Që në atë kohë, pra, që kur isha fare i vogël, vendosa të mos marr më qen në shtëpinë time. Jo se nuk i doja, por sepse më dukej vetja i paaftë për t'i mbrojtur. Dhe kjo zgjati shumë e shumë vite, derisa një ditë ose më saktë një natë, ndodhi diçka që unë nuk e prisja, por, të them të drejtën, mezi e prisja.

Që ta nisim nga fillimi. Po kthehesha për në banesë natën vonë. Kisha pirë ca gota te lokali i zakonshëm dhe isha paksa si i pirë. Si të gjithë qytetarët e qytetit, unë nuk mund të shkoja në shtëpi pa u kaluar përbri kazanëve të plehrave, që gjithmonë vijnë një erë të tmerrshme. Si zakonisht, mbylla hundën përbri kazanëve, por lashë të hapur veshët. Dhe dëgjova disa tinguj, që ngjanin si një e qarë fëmije. Pa i hequr gishtat nga hunda, iu afrova kazanit të parë të radhës dhe mbajta vesh. E qara vinte nga kazani i dytë. Iu afrova, dëgjova me kujdes dhe, pa i hequr gishtat nga hunda, futa kokën në kazan. Asgjë. E qara vazhdonte. I dola nga pas kazanit dhe vërejta një top leshi të bardhë, që befas lëvizi dhe dy sy u drejtuan nga unë. Poshtë syve u hap një zgavër e vogël, që më vonë e kuptova që ishte goja dhe më foli:

- A mund të më ndihmosh, të lutem? A mund të më japësh ndonjë gjë për të ngrënë, të lutem?

Ishte një qen. Dhe qeni foli. Më foli mua. Nuk mund të rrija pa i kthyer përgjigje.

- Kam, - i thashë, - por jo me vete. Kam në shtëpi.

- E ke larg shtëpinë? - më pyeti.

- Jo, - i thashë. - As dy minuta prej këtej.

- Të të pres këtu, se nuk eci dot?

Si mund ta lija pa e ndihmuar?!

- Do të të marr në shtëpinë time, - i thashë.

- Mos të bërtet gruaja po t'i shkosh në shtëpi vetë i dytë? - më tha.

- Nuk kam grua, – ia ktheva, - nuk jam i martuar.

- Po më ardhka keq, - më tha.

- Keq të të vijë për veten tënde, - iaktheva. - Nuk jam i martuar, se nuk kam dashur të martohem.

- Po si do të mbijetojë raca njerëzore, në qoftë se njerëzit nuk martohen dhe nuk bëjnë fëmijë?

- Njeriu bën fëmijë edhe pa qenë i martuar, - i thashë.

- Bashkëjetesa nuk më pëlqen, – më tha.

- Ore, - iu ktheva. – Nga i di ti tërë këto gjëra, kur ti sapo ke dalë në jetë?

- I kam dëgjuar kur isha në barkun e mamit tim, ndërkohë që ajo jetonte me një çift bashkëjetuesish. Befas u kujtova.

- Ore, - i thashë, - ti je i sapolindur. Kush të ka mësuar të flasësh shqip?

- Unë nuk flas shqip, - më tha, - unë flas në gjuhën e qenve, pra flas qenërisht.

- Po, si ka mundësi, atëherë, që unë të kuptoj?

- Sepse, nuk e di kush ta ka mësuar, por ti e kupton dhe e flet në mënyrë perfekte qenërishten.

- Unë di të flas shqip. Nga e di ti që flas edhe qenërisht?

- E di, sepse, meqë unë flas qenërisht dhe merremi vesh bashkë, do të thotë që ti e di shumë mirë qenërishten, - më tha.

Atëherë iu ktheva:

- Po kush ma ka mësuar këtë gjuhë?

- Atë e di ti, - m'u përgjigj.

- Po kur nuk di asgjë?

- Kërko dhe do ta mësosh, - m'u përgjigj si një filozof i vërtetë.

- Meqë unë ditkam qenërishte dhe flas njëkohësisht edhe shqip, mund të komunikojmë bashkë shqip?

- Mendon se ka ndonjë diferencë? - vazhdoi filozofi.

- I lëmë këto! - iu ktheva i nervozuar.

- Dakord, i lëmë. Do të mund të më japësh ndonjë gjë për të ngrënë, apo jo?

- Siç ta thashë, me vete nuk kam asgjë, - vazhdova i nervozuar. – Në qoftë se keni mirësinë, zotëria juaj, mund t'ju ftoj në shtëpinë time. Atje do të shohim e do të bëjmë.

- Falemnderit për xhentilesën, - dhe lëvizi diçka, që e mora me mend se ishte bishti i tij.

- Ku e ke mësuar këtë fjalë? - u bëra kurioz.

- Fjalët mësohen edhe pa i dëgjuar, - më tha.

Thjesht për t'ia mbyllur atë gojën e vogël, por edhe nga kureshtja, u përkula brenda kazanit, e kapa me kujdes dhe e mora në krahë. Filloi të më lëpinte duart dhe foli përsëri:

- E ke larg shtëpinë?

- Dy minuta që këtu, - e qetësova.

- Mos ma shtrëngo shumë barkun, se e kam bosh nga të pangrënët dhe më dhëmb!

- Po si të të mbaj atëherë?

- Më mbaj nga kurrizi po munde, - m'u përgjigj.

- Si të doni, madhëria juaj!

- Sa me fat që jam! - dhe i qeshën sytë.

Mbërritëm para derës së shtëpisë time. Me dorën e djathtë kërkova çelësin se të majtën e kisha të zënë me qenin. E gjeta, e hapa dhe hymë brenda.

- Më fal për rrëmujën, por siç e kupton vetë, shtëpi beqari, - u justifikova.

- Është hera e parë që shikoj një shtëpi nga brenda. Meqë po më pëlqen kjo rrëmuja, sa do të mund të më pranosh në këtë shtëpi rrëmujë?

- Kjo varet nga ti, - i thashë, - sa i mirësjellshëm dhe sa bashkëpunues do të jesh me mua. Unë do të jap për të ngrënë, për të pirë dhe një jastëk të vogël për të fjetur në këmbët e krevatit tim. Në qoftë se këto nuk të mjaftojnë, je i lirë t'ia mbathësh.

- Për të ngrënë, si fillim, po munde, a mund të më japësh pak qumësht? Ende nuk më kanë dalë dhëmbët për të kafshuar.

- Qumështi më ka mbaruar. Kam vetëm ujë çezme dhe ca makarona të mbetura. Janë të buta dhe nuk kanë nevojë për dhëmbë.

Pa më parë në sy, më foli me një zë të përvuajtur:

- A ka dyqane hapur në këtë orë?

- Ti mendon se unë do të dal nga shtëpia për të blerë qumësht vetëm për ty?

- Qumështi mund të të duhet edhe për vete nesër në mëngjes, - vazhdoi ai me të njëjtin zë.

- Ke të drejtë, - iu përgjigja.

Dola nga shtëpia. Tek minimarketi i lagjes, që sa do mbyllej, bleva dy shishe me qumësht dhe u ktheva me vrap në shtëpi. Ai po më priste. Ia hodha në një tas plastmasi, që e përdorja për supë, ia afrova në dysheme dhe i thashë:

- Mund të ushqehesh vetë, apo do të të blej një shishe me biberon?

- Biberoni do të ishte më mirë, - më tha. - Por nuk dua të të mundoj përsëri. Do përpiqem ta lëpij.

Pasi rrufiti qumështin derisa u ngop, m'u kthye:

- A mund të të bëj nja dy pyetje të thjeshta, për të ditur se me kë kam të bëj? Si bamirësi im, do të kisha dëshirë që të dija kush je, nga je, çfarë je, ku punon etj., etj.

- Është i drejtë interesimi yt, - i thashë, - por mos

prit të jem dikush që mund të të bëjë të lumtur biografia dhe punësimi im.

- Mua, - më tha, - më bën të lumtur prania dhe dashamirësia jote. Të tjerat i kam thjesht kuriozitet.

Atëherë m'u desh, në respekt të pyetjes, të bëja një monolog, ku i i shpjegova se kam lindur dhe jam rritur në një familje tejet të varfër. Kam punuar për të mbijetuar lloj-lloj punërash, që kërkonin forcë fizike, sepse në shkollë nuk më lanë të shkoja për arsye biografike. Kur mbas kaq e kaq vitesh, fiziku më la, kërkova punë të tjera. Për momentin punoj në një kompani sigurimesh, do të thotë që ruaj objekte të rëndësisë së veçantë. Pra, jam thjesht një roje, që punoj vazhdimisht në turnin e tretë.

- Nëse më lejon të të pyes, çfarë objekti ruan?

- Janë disa kapanone të mëdha dhe tunele të nëndheshme, që, me sa di unë, përdoren për ruajtjen dhe mirëmbajtjen e rezervave ushqimore të shtetit.

- Çfarë ushqimesh mbahen aty dhe nga kush i ruan?

- Detyra ime është t'i ruaj nga çfarëdolloj armiku, që mund të sulmojë rezervat e shtetit. Kryesisht i ruaj këto objekte të rëndësisë së veçantë nga qentë, macet, minjtë dhe të tjera kafshë, që në kushtet e urisë mund të sulmojnë për t'u ushqyer me ushqimet e shtetit shqiptar, me të cilat do të mund të ushqehej popullsia në rast të një lufte të mundshme.

- Pse? - më pyeti. - Nga kush prisni të sulmoheni?

- Mund të na sulmojë gjithkush ose askush. Por ne si shtet duhet të jemi vigjilentë dhe të marrim masat e nevojshme në raste lufte.

- Pra, - më tha, - ju si shtet vendosni njerëz për të parandaluar mësymjen hipotetike të kafshëve në rast urie?

- Po.

- E keni gabim, - maktheu. - Për të luftuar kafshët mësymëse dhe të uritura duhen përdorur kafshë të mirë ushqyera dhe të shëndetshme. Ato mund ta nuhasin rrezikun, mund të përballen me to dhe të fitojnë. Vetëm qentë dhe kafshët e tjera ua dinë pikat e dobëta njëri-tjetrit, gjë që ju mungon juve si racë njerëzore. Historia ka treguar që keni bërë gabime trashanike duke sulmuar njëri-tjetrin në pikën më të fortë. Prandaj dhe ato, që historia i quan Perandori, erdhi dita që të shkërmoqen.

- Në këtë rast, - e pyeta, - çfarë më rekomandon ti, përveç teorive të tua gjithëpërfshirëse?

- Të këshilloj që të më marrësh me vete gjatë turnit të natës dhe të garantoj që ti do të flesh gjumë dhe unë do të mund ta bëj detyrën tënde më mirë se ti.

- Në ambientin tonë nuk lejohen të hyjnë qen.

- Aq më keq për ju. Tani a mund të më orientosh drejt tualetit, se mezi po e mbaj?

E çova në tualet dhe i thashë:

- Kjo është wc-ja dhe këtu ke dhe letrën higjienike.

- Faleminderit, – më tha, - dhe po munde ma mbyll derën, sepse nuk urinoj dot në prani të të tjerëve.

Kjo gjë më krijoi një ndjenjë besimi dhe vetëbesimi. Pra u binda që mund të mbështetesha tek ai, ai të mbështetej tek unë, për t'i shërbyer njëri-tjetrit me një interes të përbashkët. Nisur nga përvoja ime jetësore, kjo do të mund të ishte një marrëdhënie midis një njeriu dhe një kafshe, që do të mund të krijonte, të unifikonte dhe të konsolidonte marrëdhëniet mes dy qenieve të ndryshme frymore.

Meqë u bëmë shokë, vendosa të bëj një marrëveshje me të. Atëherë kur mua të më tekej të dilja nga shtëpia dhe të pija te klubi i lagjes me miqtë e mi, ai nuk duhet të më ndërhynte dhe të më pengonte. Ai ra dakord, me kushtin që kur të dilja nga shtëpia, të mos ia mbyllja derën. Qëlloi një natë, që mbasi i dhashë kokrrat e zakonshme të ushqimit, i thashë që do dilja se kisha një punë. Derën ia lashë hapur dhe vajta si zakonisht te klubi i lagjes. Aty, si zakonisht, gjeta të përhershmit e lagjes që po pinin. Më qerasën, i qerasa, më qerasën, prapë i qerasa dhe sado që përpiqesha të çohesha, nuk mund të çohesha nga detyrimet reciproke. Erdhi një moment që vështrimi po më turbullohej. Nuk isha i sigurt nëse në atë tavolinë ku po qëndroja ishin katër apo tetë vetë. Sado që shkundja kokën, çdo gotë që vazhdoja të pija m'i dy ose trefishonte shokët e tavolinës. Erdhi një moment që në lokal u fikën dritat. Do të thoshte që lokali u mbyll. Unë kisha vendosur bërrylin e djathtë në tavolinë, kokën mbi të dhe m'u krijua përshtypja se po flija. Ndjeva që në këmbën e djathtë, në fundin e pantallonit, më tërhiqte diçka. Me dorën e djathtë, sikur të largoja një mizë, u përpoqa të largoj atë që më tërhiqte. Tërheqja vazhdonte. Me zor hapa sytë, ula vështrimin poshtë dhe munda të shihja turbull një palë sy të kthjellët që më vështronin. U përpoqa të përqendrohesha dhe e kuptova. Ishin dy sytë e kthjellët të qenit tim, që më shihte duke m'u lutur dhe përgjëruar:

- Boll më! Është koha të shkojmë në shtëpi.

Si mund t'ia prishja qejfin?! Në atë çast mendova që ia vlente të prishja qejfin tim për t'i bërë qejfin mikut tim më të mirë. U ngrita dhe këmba-doras, pra duke ecur me katër këmbë, ashtu sikundër edhe vëllai im katërkëmbësh, u ngjitëm në shtëpinë e përbashkët, në parajsën tonë. U shtrimë dhe fjetëm në të njëjtin krevat si dy katërputrakë. Gjatë natës ndjeja që ai nuk ishte i qetë. Lëvizte instinktivisht, në mënyrë të pavetëdijshme dhe lëshonte pasthirrma, që nuk ishin as shqip, as qenërisht. Mbas të disatën herë që më nxori gjumin, e shkunda fort. Hapi sytë dhe pa folur më pyeti:

- Pse më zgjove?

E pyeta se çfarë ëndrrash po shikonte. Pse ishte aq i shqetësuar në gjumë. Më tha që nuk ishte në gjumë:

- Po jetoj një realitet tjetër, që nuk ka të bëjë me gjumin. Të tëra ato gjëra, - më tha, - që unë ëndërroj dhe shpresoj t'i përmbush, përpiqem që t'i realizoj nëpërmjet realitetit tjetër. Jo gjithmonë ia dal mbanë. Por unë vazhdoj nëpërmjet dy realiteteve të realizoj dëshirat dhe qëllimet e mia.

U mendova për dy-tri sekonda dhe i thashë:

- Cilat na qenkan këto dëshira dhe qëllime, që unë, megjithëse të konsideroj si vëlla, nuk i ditkam?

- Qëllimet dhe dëshirat tuaja njerëzore, pikësynimet, ambiciet, objektivat që ju njerëzit i vini vetes, ju shfaqen në ëndërr në mënyra jo të drejtpërdrejta. Ju, si njerëz, preferoni fallxhorët që mund t'ju lexojnë filxhanin, dorën etj., etj. dhe besoni që fatin tuaj do të mund t'ua përcaktojnë këto "fallxhore", që e kanë origjinën te Kasandra. Kasandra ishte e luajtur mëndsh, që baba Homeri na e ktheu në një personazh mitik. Fatin e gjithsekujt e vendos gjithsekush nga mënyra se si ai mendon dhe vepron. Meqenëse ne, raca qenore, udhëhiqemi më tepër nga instinktet sesa nga llogaritë që bëni ju si racë njerëzore, mundemi, falë krijuesit, të organizojmë jetën tonë komunitare dhe të parashikojmë instinktivisht të ardhmen tonë.

I befasuar nga ky fjalim, m'u desh t'i kërkoja ndjesë për injorancën time. Më tha që asnjë qenie nuk është fajtore për injorancën e vet.

- E rëndësishme është, – më tha, - që njerëzit ta përdorin inteligjencën e tyre për të mirën e të tërëve. Inteligjenca është arma më e çmuar që keni.

Askush nuk duhet të ketë të drejtën t'ju pengojë që këtë inteligjencë ta përhapni në të gjithë planetin tonë. Inteligjenca do të jetë arma më e fortë njerëzore, që do të mund të krijojë ura komunikimi dhe bashkëjetese me ne, qeniet kafshërore.

I trullosur nga ky rrëfim më zuri gjumi dhe më duket se e zuri edhe atë. Kur hapa sytë ishte mëngjes. Ai vazhdonte të flinte. Me kujdes maksimal u përpoqa të ngrihesha nga krevati, pa e shqetësuar atë në gjumin dhe ëndrrat e tij.

- Mendoje që po flija? – më pyeti dhe hapi sytë. - Më pëlqeve me vëmendjen tënde të mbrëmshme, faleminderit!

Pra, arrita që t'i pëlqeja! Më pëlqeu shumë pëlqimi i tij ndaj meje. Të tërëve na pëlqen kur pëlqehemi.

Në një nga ditët e bukura, të ngrohta dhe plot diell, kur po shëtisnim bashkë nëpër rrugët plot pluhur, m'u drejtua:

- Mund të të pyes për diçka që më shqetëson dhe që akoma nuk po e kuptoj?

- Patjetër, – i thashë. - Jemi apo nuk jemi shokë?

- Shikoj dhe dëgjoj në TV që ju njerëzit keni partira, qeverira, shoqata etj., etj. dhe më duket se të gjitha këto i keni bërë apostafat për të krijuar konflikte me njëri-tjetrin. Ju e dini se këto organizma sjellin veç konflikte dhe përçarje njerëzore, që herë pas here shkaktojnë dhe luftëra, që asgjësojnë vetë qenien tuaj... Nuk e kuptoni që po asgjësoni njëri-tjetrin?! Pse ndodh kështu me ju njerëzit?

Më la pa fjalë. Pasi u mendova pak, fillova të belbëzoj:

- Sepse ne njerëzit jemi egoistë dhe aspirojmë dhe krijojmë konflikte që të fitojë më i forti (dhe jo më i miri), duke shpresuar që më i forti do të mund të krijojë kushte më të mira jetese për ne që e përkrahëm. - Pastaj iu ktheva: - Pse ju, qenëria, nuk do të preferonit atë që do t'ju ushqente më mirë?

Përgjigja jo vetëm që më la pa gojë, por më vrau si qenie njerëzore:

- Kam parë, sikundër dhe ti, shumë lypsarë në qytet, me nga katër ose pesë qen, që i vijnë vërdallë dhe i ndjekin kudo që shkojnë. Ata e ndjekin lypësin jo se i ushqen mirë dhe mjaftueshëm, por sepse e ndjejnë që ai i DO. Unë nuk qëndroj pranë teje sepse ti më ushqen. Është edhe kjo, por më e rëndësishmja është se unë e ndjej që ti më do. Dhe ju njerëzit do të mund të jetoni më mirë kur të zgjidhni në udhëheqjen tuaj jo njerëz që do t'ju japin më shumë bukë për të ngrënë, por njerëz që do t'ju duan më shumë, më shumë se veten e tyre. Lind pyetja: Çfarë e shtyu racën qenore të shkëputej nga origjina e vet ujkërore, e egër? Dihet që ujqërit jetojnë në kope, me një hierarki fikse dhe të përcaktuar prej shekujsh. Përse disa individë u zbutën dhe vendosën të jetojnë pranë njerëzve? Disa thonë që vetë njeriu e zbuti ujkun dhe e vuri në shërbim të tij, sepse i duhej dhe i nevojitej për interesin e vet. Po të mos donte ujku të kthehej në qen, nuk do të kishte asnjë shans që njeriu të bashkëjetonte me qenin. Ujku i parë rebel, që u kthye në qen, kishte lidhje me zotin, i cili i tha: "Shko te njerëzit dhe bëji ata si vetja!". Ky ishte misioni i qenit të parë dhe ai këtë e trashëgoi deri në ditët e sotme. Misioni është ende i pa përmbushur, por vazhdon derisa të përmbushet plotësisht urdhëresa e Zotit. Dhe ashtu u bëftë! Por, një nga gjërat më të këqija që keni ju, është gjuha që përdorni. Në fjalorin e gjuhëve tuaja të ndryshme, keni dhe përdorni me mijëra fjalë të tmerrshme, si: vrasje, asgjësim, torturë, shfarosje, gjenocid, racizëm, përdhunim, etj., etj., siç keni dhe një shprehje shumë të bukur: "Fjala vret më shumë se plumbi". Dhe kjo është plotësisht e vërtetë. Një breshëri plumbash mund të vrasin pesë-gjashtë vetë, ndërsa një breshëri fjalësh mund të vrasin miliona. Pra, ju disa fjalë i përdorni thjeshtë për të vrarë dhe jo për t'u marrë vesh. Megjithëse thoni që "fjala ishte e para", as ju vetë nuk e dinit nëse ishte fjala e para që përcaktonte një veprim apo veprimi që përcaktoi fjalën. Keni vepruar në fillim me ndërgjegje dhe vetëdije, që më pas të krijonit fjalën e duhur për ta formëzuar, motivuar dhe justifikuar atë çka keni bërë. Nuk është fjala e para. Është veprimi që ju detyroi të krijonit fjalët. Me fjalët që thoni, përpiqeni më kot të motivoni dhe justifikoni veprimet tuaja. Ca fjalë janë një sajesë njerëzore. Pra, një justifikim dhe motiv për atë që ju bëni. Mos përdorni fjalë, por bëni! Në qoftë se bëni gjëra të mira, nuk do të keni nevojë për fjalë. Përdorni gjuhën tonë, e cila nuk ka fjalë, por ka tinguj dhe mesazhe. Ne e kuptojmë fare mirë gjuhën tuaj. Do të ishte mrekulli në qoftë se njerëzit do të mund të komunikonin me gjuhën tonë! Duhet një përpjekje e përbashkët për të krijuar një gjuhë universale. Atëherë mundet që ne të jemi pjesë e universit dhe universi pjesë e jona. Jo çdo qenie që ka vesh është e aftë të dëgjojë dhe dëgjimi nuk matet me madhësinë e veshit. E rëndësishme është të dëgjosh, pavarësisht tingujve që dëgjon. Ai që do të dëgjojë, të kuptojë, të merret vesh dhe të bashkëpunojë nuk ka nevojë fare për vesh! I mjafton vetëm shpirti i tij, shpirt që ju sa po vjen dhe më keq akoma po e tjetërsoni. Duhet të ruani shpirtin e mirë! Ndryshe, ju dhe gjithçka do të përfundojë keq e më keq! Ju, kur i jepni një dhuratë tjetrit, ia bëni dhuratë vetes suaj. Kur ndihmoni një të varfër, ndihmoni veten për të qetësuar ndërgjegjen. Kur bëni një bamirësi, e bëni për veten dhe jo për ata që kanë nevojë. Pra, edhe kur përpiqeni për t'ju shërbyer të tjerëve, në fakt i shërbeni vetes. Ne shërbejmë për ju, sepse ju duam, pavarësisht të metave tuaja, pavarësisht se nuk e meritoni miqësinë tonë. Dashuria, respekti dhe përkushtimi nuk presim të na kthehet. E dimë këtë. Ne ju duam dhe kujdesemi për ju, pa pritur asgjë. Kjo është dashuria.

Një pasdite i thashë:

- Më vjen keq, por jam i detyruar të të mbyll brenda, sepse më duhet të shikoj një shfaqje teatrore, ku luan dhe një miku im aktor. Ti e di që në teatër nuk lejohen qentë.

- E di, - më tha. - Aty lejohen vetëm njerëzit që shikojnë disa njerëz të tjerë në skenë dhe në fund ata të sallës duartrokasin ata të skenës. Shfaqet i bëjnë njerëzit për njerëzit dhe jo qentë për qentë. Mund të të bëj një kërkesë?

- Sigurisht.

- Mund të më marrësh edhe mua deri te dera e teatrit? Do të pres jashtë e kur të dalësh kthehemi së bashku në shtëpi.

- Patjetër, - i thashë, - por përderisa nuk do mundesh ta shohësh shfaqjen, përse do të rrish te dera e teatrit?

- Dua të nuhas aromën e emocionit që përcjell ajo shfaqje. Kaq do të më mjaftojë që ta kuptoj dhe ta shijoj së bashku me ju njerëzit.

Në fund të shfaqjes po më priste te dera. U nisëm për në shtëpi.

- Si t'u duk shfaqja? - e pyeta.

- Nuk e pashë, por e ndjeva dhe e kuptova, – më tha. - Kuptova si shfaqjen, ashtu edhe ju që e patë.

- E ç'mendim ke?

- Përpara se të flas për shfaqjen, më lejo të të them nja dy gjëra për teatrin dhe për artin njerëzor në përgjithësi. Në gjykimin tim kafshëror, arti është një shpikje njerëzore që ju ka shërbyer dhe vazhdon t'ju shërbejë që të zbaviteni njëri-tjetrin. Duke mos pasur mënyra që të vetëzbaviteni, ua delegoni këtë detyrë të tjerëve, që ju i quani artistë. Ata janë thjesht zbavitës. Keni bërë një pakt mes jush që këta artistë, nëpërmjet artit të tyre, kanë si detyrë t'ju japin mesazhe të mira njerëzore dhe t'ju frymëzojnë për vepra të mira, të bukura dhe të mëdha. Harxhoni miliarda për filma, teatro, televizione dhe media vizive ose të shkruar për të dhënë mesazhe, që askush nuk i beson dhe i zbaton. Njerëzit janë qeniet më të liga tokësore, që nuk mund të ndryshojnë falë mesazheve që i japin njëri-tjetrit.

Sa më tepër rrija me të, aq më shumë mendoja se e njihja. Dhe, si përfundim, mund të them se sa më tepër e njihja, aq më tepër nuk e njihja. Më befasonte vazhdimisht. U ktheva një darkë në shtëpi tepër i shqetësuar. U afrova te dera e shtëpisë, dëgjova si zakonisht të lehurat mikpritëse nga brenda dhe i thashë vetes: unë jam i qetë. Nuk kam probleme, nuk kam stres dhe jam ai që kam qenë. I imponova vetes një buzëqeshje në fytyrë, hapa derën dhe hyra brenda. I buzëqesha. Tundja e zakonshme e bishtit nga ana e tij, pasi më pa në sy, u ndërpre.

- Nuk të shoh mirë, - më tha.

- Jam shumë mirë, - i thashë duke buzëqeshur.

- Mos buzëqesh kot, - m'u përgjigj. - Ju njerëzve ju lexohet gënjeshtra në sy. Keni fatkeqësinë që nuk ia lexoni dot njëri-tjetrit, por ne qenve nuk na gënjeni dot. Pse je kaq i stresuar sot?!

- Meqë ti pretendon se po më thua të vërteta të mëdha, unë po të them një të vërtetë të vockël. Një mikun tim sot e kafshoi një qen i tërbuar. Jam marrë me të tërë ditën. E çova në spital. I bënë një gjilpërë kundër tërbimit, e mbajtën për disa orë në spital, derisa u garantuan që nuk do tërbohej dhe ai.

- A mund të më thuash, në qoftë se ke dijeni, çfarë qeni ishte, ku banonte, me kë jetonte dhe cilët ishin ata që e çuan në këtë gjendje? - më pyeti.

- Ishte një qen rrugaç, që një familje e kishte nxjerrë jashtë shtëpisë dhe mbijetonte duke u ushqyer në kazanët e plehrave. Befas u tërbua dhe kafshoi mikun tim.

- Tërbimi nuk ndodh befasisht, - më tha. - Ai qen nuk u tërbua. E tërbuan. E tërbuat ju, njerëzit. Dhe në atë gjendje tërbimi ai u hakmor ndaj jush që e tërbuat.

U befasova si gjithmonë nga ky arsyetim dhe nuk më kujtohet se çfarë lloj vështrimi i hodha.

- Ke frikë se mos tërbohem edhe unë dhe të kafshoj?! - më pyeti.

- Jo, jo! Absolutisht, - i thashë. - Nuk e kam këtë frikë.

- Nuk ke pse ta kesh. Ti, me sa të njoh unë, je një qenie njerëzore, që me mënyrën se si e shikon një krijesë të zotit të ngjall besim, paqe, dashuri dhe mirëkuptim. Jam i bindur që nëse do të ndodheshe në mes të një tufe luanësh, gjarpërinjsh, krokodilësh e po t'i shihje siç më sheh mua, ata grabitqarët e frikshëm do të të afroheshin, do të të përkëdhelnin dhe do të të ofronin përkrahjen dhe ndihmën e tyre. Jam me fat që të kam ty, - më tha.

Nuk munda t'i mbaj lotët. U ula në gjunjë, e përkëdhela me të dyja duart duke e parë drejt dhe në sy dhe i thashë me zë të dridhur:

- Faleminderit miku, vëllai dhe shoku im më i mirë!

Ç'mund t'i thosha më tepër! Dhe vazhdimisht i flisja dhe më fliste. Kuptoheshim dhe mirëkuptoheshim. Në një nga ditët e zakonshme të shëtitjeve tona në parkun e vogël të qytetit ndodhi diçka shumë emocionuese për mua. Ai që ishte kaq i qetë dhe i kënaqur me litarin e qafës, m'u kthye me arrogancë:

- Do të ma heqësh këtë litar muti, apo jo?!

- Unë ta heq, por ku do të shkosh i zgjidhur?

- Ju njerëzit jeni shumë prapa qenve. Juve ju mungojnë disa shqisa, që ne i kemi prioritare. E shikon atë qenushen atje? Me nuhatje dhe me atë që ju njerëzit e quani alkimi... më saktë vetëm me një vështrim që shkëmbejmë, ne mirëkuptohemi. Kur ne kafshët pëlqejmë njëri-tjetrin, nuk do të mund të bënim kurrë miqësi me dikë që nuk është i predispozuar ndaj nesh. Ne nuk gabojmë kurrë në raportet me njëri-tjetrin. Nuk bëjmë llogari në momentin që pëlqehemi dhe nuk gabojmë kurrë në zgjedhjen e partnerit. Prandaj dhe në botën tonë nuk krijohen plagë të tilla sociale dhe familjare, siç janë divorcet te ju njerëzit. Ne ose duhemi, ose jo. Por nuk bashkohemi për t'u ndarë. Ne mund të ndryshojmë partnerë pa u divorcuar në mënyrë armiqësore me të shkuarën tonë. Ky mirëkuptim e ka bërë racën tonë të jetë e bashkuar dhe të shërbejë si shembull pozitiv edhe për ju njerëzit, në qoftë se do të keni aftësinë të na kuptoni.

Me shumë kujdes hodha sytë në drejtim të shikimit të mikut tim dhe pashë një qenushe të bardhë me disa njolla të lehta bezhë, me dy sy të lëngëzuar dhe me një bisht dhelpëror, që e tundte sa majtas-djathtas. E kuptova që ishin të dashuruar. Si mund të pengoja një dashuri kafshërore, instiktive, të pavetëdijshme dhe të atypëratyshme?! E lashë të lirë mikun tim në pasionin e tij dhe prita e prita. Prita e prita derisa ai u kthye i lumtur dhe i kënaqur. E pyeta se si shkoi takimi. Më tha se shkoi më mirë seç e kishte menduar dhe se asaj femre do t'i ishte borxhli tërë jetën.

- Pse? - e pyeta.

- Në këtë moment nuk ta them dot. Kur të shkarkohem nga emocioni dhe pasioni që më krijoi ajo vajzë edhe mundet.

- E respektoj privatësinë tënde, - i thashë. - Ku do që të shkojmë tani?

- Unë jam gati të shkoj në parajsë, - m'u përgjigj.

- Ju qentë shkoni në parajsë edhe pa vdekur?

- Ndryshe nga ju njerëzit, ne e përjetojmë parajsën edhe në të gjallën tonë. Parajsa për ne është fenomen tokësor. Lum ai që troket dhe i hapet dera e parajsës. Ndryshe nga Shën Pjetri juaj, ne kemi Shën Qenin tonë, i cili as ka lindur e as nuk do të vdesë kurrë.

U hutova nga tërë ato që më tha dhe me mirësjelljen maksimale iu luta që të ktheheshim në shtëpi.

- Shtëpia jote, - më tha, - është një copëz e vockël e parajsës sime tokësore.

E falënderova dhe si miq të mirë filluam të çapiteshim drejt parajsës tonë tokësore. Në prag të derës nuk kishte asnjë "Shën Qen", por unë futa dorën në xhep, nxora çelësin dhe hapa derën. Brenda në atë lëmsh dhe atë rrëmujë të orendive, pjatave, lugëve, gotave, tenxhereve dhe kapakëve munda të shikoj parajsën jo vetëm të mikut tim, por edhe timen.

Ju thashë pak më parë që ai qen më shpëtoi jetën. Për të qenë më i saktë, po ju them sinqerisht që ai qen ka bërë shumë më tepër. Kam menduar, deri para se ta njihja, që isha një njeri në mes të njerëzve. E konsideroja këtë si një të vërtetë të pamohueshme. Por, për të qenë një gjë e vërtetë, duhet të ballafaqohet me gënjeshtrën. Për të qenë njerëzor, duhet të ballafaqohesh me një pikë referimi. Ky qen bëri të mundur që unë të ballafaqohesha me referenca të tjera. Po ju them me bindje që ballafaqimi me të, me botën e tij qenore, më bëri të kuptoja që kam jetuar jo si njeri. Ai më bëri njeri. Më mësoi se çdo të thotë ta meritosh këtë emërtesë. Më mësoi që sa më tepër t'i afrohemi origjinës tonë, sa më tepër të mirëkuptohemi, të komunikojmë, të bashkëveprojmë, të unifikohemi dhe bashkëjetojmë në harmoni me njëri-tjetrin, me të gjitha gjallesat e kësaj bote, aq më tepër do të mund të bëhemi njerëz. Vetëm kështu do të mund të vlerësojmë dhe të duam bashkërisht krijuesin tonë. Është e vetmja rrugë dhe mënyrë që të mund të jemi të ndryshëm, të barabartë dhe njëkohësisht të njësojtë. Ndërsa qeni im, në këto diskutime filozofike, më thoshte:

- Ju njerëzit thoni se "duhet të jesh vetvetja". Por nuk e kuptoni dhe nuk e dini që vetvetja ka mundësinë dhe aftësinë për të mos thënë që ka prirjen të shkatërrojë veten e vet. Që të mbrosh veten nga vetasgjësimi, duhet të mendosh dhe të veprosh në dobi të të tjerëve, qofshin këto dhe krijesa jashtë përkatësisë tënde. Që të mbrosh vetveten nga vetja jote, duhet të kujdesesh qoftë edhe për një bimë, një insekt apo gjallesë tokësore. Vetëm kështu do të mund të shpëtojmë nga vetasgjësimi. Ne qentë mbijetojmë, sepse shërbejmë për diçka dhe dikë. Dhe duke shërbyer për dikë, i shërbejmë vetes.

Në një nga ditët, kur si zakonisht u grinda me shefin, bëra llafe me fatorinon e autobusit, u konfliktova me shitësen e bukës e plot e plot të tjera, nxora nga xhepi gjithë nerva çelësin e shtëpisë dhe hapa derën. Në korridor më priste, duke tundur bishtin plot gëzim, ai, qeni im.

- Mirë se erdhe, miku im njeri! – më tha dhe vazhdoi të tundte bishtin. - Jam i kënaqur që erdhe, por dhe i trishtuar; seç më thonë sytë e tu.

Mbylla derën dhe iu hakërreva:

- Mos ma tund mua atë bisht! Ç'të duket vetja ty?! Të duket vetja se je më i ditur, më i mençur se unë?! Po të ishte kështu, globin nuk do ta dominonte raca njerëzore, por ajo qenore. Sado i mençur të jesh, ti dhe të tjerët si ti, nuk do të mund të ishit dominues në shoqërinë njerëzore. Keni lindur si racë thjesht për të shërbyer, por jo për të dominuar dhe udhëhequr.

Më pa me një palë sy, që nuk ia lexova dot. Pasi u ula i rraskapitur në kolltukun tim, m'u afrua me ngadalë, u shtri para këmbëve të mia dhe më tha:

- Dominimi dhe udhëheqja, fama dhe lavdia, të qenit udhëheqës dhe protagonist, të qenit si askush tjetër, i papërsëritshëm dhe unik në egon tuaj, ju bën njëkohësisht të qenit asgjë. Duke qenë asgjë, është mënyra e vetme e të qenit bashkë dhe të njëjtë. Ne raca qenore jemi një. Ne nuk krijojmë sisteme shoqërore si ju. Nuk krijojmë parti politike. Nuk krijojmë shoqata bamirëse, që i shërbejnë vetvetes. Nuk krijojmë sisteme drejtësie për të mbrojtur vetveten. Nuk eksplorojmë kozmosin për të zbuluar jetë jashtëtokësore. Na mjafton jeta jonë, toka jonë, gjallesat tona tokësore. Çdo gjallesë ka të drejtën e ekzistencës së vet. Asnjë gjallesë nuk ka të drejtë të jetë mbi të tjera. Atëherë kur ju të pretendoni se jeni mbi të tjerët, atëherë do të jetë dhe fundi i dominancës suaj. Ne jemi krijuar për të shërbyer. Çdo qenie duhet të shërbejë edhe jashtë llojit të saj, sepse vetëm kështu shërbimi do të kthehet në vlerë dhe vlera ka lindur bashkë me zotin. Vetëm kur zoti të vdesë, do të vdesë edhe vlera. Të kam mik të mirë. Përpiqu të bëhesh si unë. Vetë ju votoni për parti, që krijojnë qeveri. Dhe po vetë ju dilni dhe shani, kritikoni, mblidheni nëpër protesta, për të rrëzuar atë që keni votuar, përkrahur dhe ngritur vetë. Si mund të rrëzoni, pa rrëzuar ata që e mbajnë në këmbë atë pushtet ose shtet?! Dhe ata jeni vetëm ju. Janë ushtria e pafund e servilëve dhe spiunëve. Ata janë pjesë e juaja. Të përkrahur, lajkatuar dhe financuar nga shtetarët për t'i mbajtur në pushtet vetë ata. Dhe servilët e spiunët janë si kancer. Lëshojnë metastaza dhe përderisa ju nuk e keni gjetur akoma ilaçin kundër kancerit, nuk keni si ta gjeni ilaçin kundër kësaj fare të keqe, që mban në këmbë të keqen më të madhe: shtetin dhe pushtetin mbi ju.

M'u deshën disa minuta për të reflektuar.

- Të falënderoj për leksionin. Por, unë nuk bëhem dot si ti. Në qoftë se unë si njeri dhe ti si qen do të mund të krijonim një qenie hibride, do ta pranoja me kënaqësi. Nisur nga pamundësia e krijimit të kësaj qenieje, respektoj pozicionin tënd si shërbyes dhe timin po si shërbyes. Në qoftë se shërbejmë gjithsecili, ti për mua dhe unë për ty, do të mund të bëhemi një. Dhe mua do të më vijë mirë që të jem i njësojtë me ty.

- Ja pra, - më tha, - me ju njerëzit edhe mund të merremi vesh dhe të dakordësohemi. Në qoftë se të gjithë do të ishin si ti.

Dhe si për të gjithë, erdhi edhe për mua dita më e trishtuar, më e dhimbshme e jetës sime. U zgjova në mëngjes si zakonisht dhe i hodha qenit ushqimin e preferuar tek tasi. Ndërkohë që po vishesha, vura re se ai nuk po lëvizte nga krevati. Iu afrova me ngadalë dhe e përkëdhela. Përsëri nuk lëvizi. E kuptova. Kishte ndërruar jetë. Kishte vdekur.

Më thanë që nuk kemi varreza për qen: "Ne nuk kemi vend të varrosim njerëzit, jo më qentë". Ka varreza për njerëzit dhe nuk paska varreza për qentë?! Çfarë vlere ka gjithë njerëzimi i populluar nga njerëzit në raport me qenërinë? Çfarë të mirash i kanë sjellë globit qeniet njerëzore? Çfarë të këqijash i kanë sjellë globit qeniet qenore? Desha ta varrosja qenin në kopshtin tim. Nuk më lanë komshinjtë. Më thanë që brenda gropës, kufoma e qenit do të dekompozohej, do të zinte krimba dhe do të mbante erë të keqe. Edhe kjo është një paaftësi e racës njerëzore. Do të mund të ndjenim aromën e keqe të një qeni të groposur, ndërkohë që nuk kanë aftësinë e nuhatjes së vetvetes. Nuk arrijnë të nuhasin aromën e shpifur që buron nga fjalët që thonë, aromën e shpifur që del nga ambientet e shtëpive të tyre sapo hapet dera. Nuk arrijnë të nuhasin qelbërsirllëkun që kanë rreth vetes; janë ambientuar aq shumë me të, saqë aroma e neveritshme u është kthyer si ajo e një parfumi të shtrenjtë francezë. Ata nuk kanë si ta dinë se ai qen më ka shpëtuar jetën, duke më bërë njeri të vërtetë. Mendoja, deri pa e njohur, se isha njeri; tani arrij të kuptoj çfarë kam qenë dhe çfarë jam. Më vjen keq ta them, por tani arrita të kuptoj që jam njeri. E kuptoni çdo të thotë për mua që të mos kem një varr të mundshëm për të? E kuptoni çdo të thotë për mua që të mos kem një vend, ku të mund të çoj një buqetë me lule, një aromë nga ato që ai dëshironte t'i nuhaste?! Edhe për të hapur një varr të improvizuar në shtëpinë time, më duhet leje nga bashkia. Por e kam vendosur. Mikun tim do ta mbaj në krevatin tim, mbështjellë me batanijen time të vjetër, duke e ngrohur me trupin tim dhe duke marr ftohtësinë e kufomës së tij brenda meje. Ai do të kalbëzohet, do t'i dalin krimba brenda trupit, të cilët do të hyjnë dhe në trupin tim, që të kemi mundësinë të vdesim së bashku, si miq, shok, vëllezër dhe frymëmarrës. Sepse të njëjtën frymë që na ka dhënë zoti, kemi fatin ta përdorim të tërë.

(Hyn një personazh, që ecën si njeri, por i veshur me një "lëkurë qeni". Lexohet portreti i një femre të trukuar sipas një portreti me hundë dhe veshë të gjatë, që të kujton imazhin e një qenusheje.)

Tani të më falni, por më duhet të largohem, sepse kam ende shumë punë për të bërë, për të merituar fjalën NJERI.

Qenushja: Më falni! Ju jeni ai që mendoj unë që do të mund të jeni?

Ai: Unë nuk e di se kush mendoni ju që unë mund të jem. Në qoftë se sipas jush, unë jam ai që ju mendoni që mund të jem, do të kini mirësinë të më thoni se kush jeni ju?

Qenushja: Nuk di a më mbani mend, apo jo?

Ai: Diçka më kujton portreti juaj.

Qenushja: Vetëm një herë jemi parë.

Ai: Dhe kur ka qenë kjo hera e parë?

Qenushja: Atëherë kur ju humbi nga sytë qenushi juaj. Në parkun pranë pallatit tuaj kalova me qenushin tuaj minutat më të bukura të jetës sime.

Ai: Që do të thotë?...

Qenushja: Që do të thotë se më ka marrë shumë malli për të dhe dua ta takoj përsëri. A mund të më ndihmoni?

Ai: Për çfarë?

Qenushaja: Që të mund ta shoh përsëri dhe t'i them nja dy fjalë.

Ai: M'i thoni mua dhe unë do t'ia them atij, atje ku është.

Qenushja: Pse ku është?

Ai: Atje ku do të shkojmë të gjithë.

Qenushja: E parandieja. Megjithëse nuk e prisja të ndodhte kaq shpejt. Si do t'jua them atyre? Do të jetë e tmerrshme! Megjithatë e ndjeja që një qenie si ai nuk do të mund të jetonte gjatë. Qeniet e mira i merr Perëndia shpejt. Një qenie si ai nuk do të mund të jetonte gjatë. Njerëzit e mirë i merr Perëndia shpejt.

Ai: Më falni, por ai nuk ishte njeri.

Qenushja: Ju njerëzit nuk jeni njerëz.

Ai: Jam përpjekur të bëhem njeri duke jetuar me një qen. Nuk e di në ia kam dalë apo jo.

Qenushja: As unë nuk e di. Sa më tepër të keni marrë nga babai i fëmijëve të mi, aq më mirë do të jetë për jy. Do të mund t'i afroheshit më shumë, duke iu larguar njeriut, racës kafshërore.

Ai: Sikur thatë... babai i fëmijëve të mi?!

Qenushja: Pikërisht.

Ai: Pra, mjaftoi vetëm ai pak minutësh lirie që ju të ngjiznit pasardhësit tuaj?

Qenushja: Mjafton një minutë që ne, qenëria, të mund të duhemi, të dashurohemi, të bashkohemi, të unifikohemi, pa asnjë interes, duke menduar të kaluarën dhe të ardhmen, për t'u rilindur me bashkimin tonë.

Ai: Po a keni ndonjë padron që ju mban, ushqen dhe përkujdeset për ju?

Ajo: Kisha dikur, por tani nuk e kam më.

Ai: Çfarë ndodhi?

Ajo: Asgjë nuk ndodhi. Thjesht u martua dhe meqë nusja e vet kishte frikë nga qentë, ai nuk më qasi më në shtëpi.

Ai: Frikë nga ju?! Po ju dukeni kaq e mirë, kaq e ëmbël dhe paqësore.

Ajo: Jo të gjithë kanë ndjeshmërinë tuaj karshi nesh. Dhe aq më keq për ta. Nuk dinë të vlerësojnë mirësinë dhe shërbimet që bëjmë për ta.

Ai: Dhe si jetuat më pas?

Ajo: Si të gjithë qentë e rrugës. Duke u ushqyer në kazanët e plehrave dhe duke na ushqyer familjarë të ndryshëm. Kam zënë shumë miqësi me shumë familjarë, që çdo ditë, jo vetëm që na ushqejnë, por dhe na përkëdhelin me dashamirësi.

Ai: A mund t'ju pyes se sa fëmijë keni dhe ku i keni për momentin?

Ajo: Kam tre fëmijë. Dy vajza dhe një djalë. Për momentin ndodhen poshtë një shkurreje, afër banesës suaj.

Ai: Shkojmë t'i marrim atëherë!

Ajo: Po ku do t'i çojmë?

Ai: Sigurisht që në shtëpinë time. Askund tjetër nuk mund ta kenë vendin fëmijët e mikut tim.

Ajo: Vërtet e keni? Do m'i merrni fëmijët në shtëpi?

Ai: Sigurisht. Dhe bashkë me ju. Do të jetë nder i madh për mua në qoftë se pranoni.

Ajo: Nuk po u besoj veshëve!

Ai: Besojini! Sepse ju të gjitha shqisat i keni më të zhvilluara se ne.

Ajo: Është shumë pak t'ju them faleminderit!

Ai: Nuk ka nevojë për falënderime. Do të nisemi direkt për në parajsën tonë.

(Dalin.)

Fund

Mars 2022

ÇIFTET

Dramë

<u>Personazhet</u>
Ai
Ajo
Kamerierja
Dietologu
Dhëndri
Nusja

(Një tavolinë me dy karrige. Në tavolinë ka vetëm dy gota të mbushura plot dhe Ai që qëndron i ulur para njërës. Hyn Ajo.)

Ajo: Mund të ulem?

Ai: Jo.

Ajo: Po, përse jo?

Ai: Nuk e shikon që ka një gotë tjetër këtu dhe është plot?

Ajo: Shumë mirë atëherë. Unë po ulem dhe po e pi këtë gotë së bashku me ty. *(Tenton të ulet.)*

Ai: Kjo gotë nuk është për ty. Është për atë që do të vijë.

Ajo: E kush na qenka ky?

Ai: Kur nuk e di unë, kuptohet që nuk ke si ta dish ti.

Ajo: Po sikur ai që ti po pret të vijë, të mund të jem unë?

Ai: Nuk ka sesi.

Ajo: Po ja që edhe mund të ketë "sesi".

Ai: Nuk mundet, sepse ti çdo ditë kalon përpara meje, në këtë vend, dhe asnjëherë nuk e ke kthyer kokën për të më parë.

Ajo: Thua ti. Kam kaluar çdo ditë dhe të kam parë edhe pa e kthyer kokën. Gjithmonë kam menduar se dikë prisje. Nga pritja e gjatë fillove të thinjeshe, por asnjëherë nuk të pashë me dikë tjetër në tavolinë.

Ai: Sepse ai dikushi nuk ka ardhur akoma, por kjo nuk më pengon që unë të vazhdoj ta pres.

Ajo: Ajo që ti ke pritur dhe ëndërruar të të vijë, sot më në fund t'u bë e njohur.

Ai: Ti je ajo që unë prisja?

Ajo: Nuk jam unë. Unë jam një nga pritshmëritë e tua. Kushdo mund të vinte të ulej në këtë tavolinë që pret, por më të mirë se unë nuk do të mund të kishte tjetër.

Ai: Më fal për kureshtjen: përse zgjodhe pikërisht këtë tavolinë për t'u ulur, ndërkohë që ky lokal ka plot tavolina të tjera bosh?

Ajo: Nuk më pëlqen boshllëku. Kam dëshirë që vetminë time ta mbush me një të vetmuar tjetër.

Ai: Unë nuk jam i vetmuar, sepse gjithmonë e kam ditur që dikush do të ma mbushte vetminë me prezencën e tij.

Ajo: Pra, i bie që kjo prezenca të jem unë.

Ai: Nuk e di. Prezenca jote mund të ma largojë vetminë, por mund të më bëjë edhe më të vetmuar se ç'jam.

Ajo: Duke të parë thellësisht të vetmuar, mendova që ta ndajmë vetminë së bashku.

Ai: Vetmia nuk ka partner, shok, mik, nuk ka bashkëbisedues.

Ajo: Atëherë si mund ta kuptojmë dhe të besojmë që jemi të vetmuar pa pasur një pikë reference?

Ai: Referenca është vetë qenia jonë e vetmuar.

Ajo: Përderisa po flasim me njëri-tjetrin, tregon që vetmia ka nevojë për një partner. Atëherë e kupton saktësisht të qenit vetëm.

Ai: Të qenit vetëm nuk do të thotë që je krejtësisht vetëm. Je ti dhe shpirti, ndërgjegjja, nënvetëdija jote, që të bën të kesh gjithmonë një partner përballë.

Ajo: Ti i ke apo i ndjen këto që thua?

Ai: As i kam dhe as i ndjej. Ato janë brenda meje dhe nuk varen nga unë.

Ajo: Qenke shumë i komplikuar.

Ai: Komplikimin e ka shpikur raca njerëzore. Atëherë kur ne si racë vinim nga yllësi të tjera ishte më e thjeshtë.

Ajo: Sipas teje, ne vijmë nga një univers tjetër?

Ai: Universi është një. Ne jemi një grimcë e vogël e tij. Ata që na krijuan, kanë qenë më të ditur se ne. Sado që përpiqemi t'u afrohemi, aq më tepër ata na largohen.

Ajo: Po përse na largohen dhe nuk na afrohen, meqë ata na paskan krijuar?

Ai: Sepse ne nuk ndoqëm udhëzimet dhe këshillat e tyre. Na lanë të vetmuar në mënyrë që t'i zgjidhim vetë problemet tona tokësore.

Ajo: Cilat qenkan këto probleme të pazgjidhura nga ne?

Ai: Uria, pabarazia, egoizmi njerëzor, luftërat për më shumë pushtet, dominimi i turmës së verbër për të ndryshuar sistemet. Sistemet janë po ato dhe turma shërben thjesht jo për t'i ndryshuar, por për t'i zëvendësuar me një sistem tjetër.

Ajo: Nuk e kuptoj këtë lloj teorie edhe pse të dëgjova me shumë vëmendje.

Ai: Të jesh i vëmendshëm është hapi i parë i një njeriu të civilizuar, pavarësisht se nuk e kuptove.

Ajo: Por, kur nuk e kuptova, si mund të të besoj dhe të vazhdoj bisedën me ty?

Ai: Mos pretendo asnjëherë që njerëzit, sado të dëgjueshëm, të jenë mirëkuptues. Mirëkuptimi, në rastin më të mirë, ndodh vetëm brenda vetvetes.

Ajo: A mund ta pi këtë gotë që kam përpara, meqë ti po prisje dikë?

Ai: Asnjëherë nuk mund ta pish, sepse personi tjetër ende nuk ka ardhur.

Ajo: Atëherë po thërras kamarierin të më shërbejë diçka.

Ai: Këtu nuk ka asnjë kamarier.

Ajo: Po këto dy gotat kush t'i solli në tavolinë?

Ai: Çdo ditë i marr me vete nga shtëpia.

Ajo: Në fund të ditës pi vetëm gotën tënde, apo edhe të atij që pret?

Ai: Nuk pi asnjërën, janë të dyja gjithmonë plot. Nuk mund të pi një gotë pa e bërë "gëzuar" me një tjetër.

Ajo: A mund ta bëjmë së bashku këtë "gëzuar"?

Ai: Nuk mund ta bëj "gëzuar" kur jam i trishtuar.

Ajo: Por mbase gjejmë ndonjë mënyrë që të gëzohesh edhe ti.

Ai: Gëzimin tim kam kohë që nuk e takoj.

Ajo: Por ja që më takove mua. Mbase mund të jem unë gëzimi yt.

Ai: Po të ishe ti gëzimi im, do ta kuptoja që kur erdhe.

Ajo: Pse, nuk erdha e gëzuar unë?

Ai: Mbase, por gëzimin e kishe aq të fshehur, saqë nuk e kuptova dot.

Ajo: Unë gjithmonë përpiqem ta fsheh gëzimin në këtë botë të trishtuar. Ka kaq shumë trishtim, dhimbje dhe plagë shpirtërore kjo botë, saqë mua më vjen turp ta shfaq gëzimin, sado e trishtuar që mund të jem.

Ai: Po, pse ke frikë të shfaqesh ashtu siç je?

Ajo: Të shfaqurit siç jam do të më bënte të ndihesha fajtore.

Ai: Në këtë rast, unë nuk ta kuptoj fajin.

Ajo: Faji është një opsion abstrakt. Unë e ndjej

veten fajtore jo sipas gjykimit tënd ose të tjerëve, por sipas gjykimit tim.

Ai: E kush të garanton që gjykimi yt është i saktë dhe i vërtetë?

Ajo: Saktësia dhe e vërteta janë koncepte abstrakte. Varet kush i gjykon dhe i vlerëson.

Ai: E di që po më lodh kokën me këto teori idiote?

Ajo: Idiotësia është një fenomen njerëzor, të cilin nuk e përjashtoj as nga vetvetja.

Ai: Atëherë nuk preferoj të bisedoj më me një idiote. Mund të largohesh, të lutem?

Ajo: Si mund të largohem kur nuk e kam pirë akoma këtë gotë?

Ai: Atëherë ktheje me fund dhe largohu!

Ajo: Po e ktheva këtë gotë me fund do të bëhem çakërrqejf dhe do të porosis në këtë lokal një dopjo tjetër, që të kem mundësinë të përballem me një burrë pijanec, edhe pse ai nuk ka pirë ende gotën e parë.

Ai: Të thashë që ky nuk është lokal; nuk ka kamarier që mund të të shërbejë.

Ajo: Thua ti. *(Bërtet.)* Kamarier! Kamarier! Kamarier!

Ai: Nuk ka kamarier këtu.

Ajo: Thua ti. *(Ulëret.)* Kamarier! *(Hyn një femër e re me veshje provokuese dhe me dy meny lokali në dorë, të cilat i vendos në tavolinë.)*

Kamerierja: Më falni për vonesën, por kemi kaq shumë klientë në lokalin tonë, sa unë e kam të vështirë t'i përballoj. Lexoni menunë dhe urgjentisht më jepni porosinë.

Ajo: Në çfarë gjuhësh e keni menunë?

Kamerierja: Në gjuhën tironse, korçare, tropojane, çame dhe vllahçe.

Ajo: Po unë që jam nga Çamëria, a mund të porosis nja di pemë bithe të cirikuqura, në cirikuqe?

Ai: Po unë që jam nga Tirona, a mund të m'mbish i tavë dheje me gabzherrna? Ene për omëlsinë du i mshesë fyti me sherbet.

Kamerierja: Nuk më intereson çfarë gjuhe zgjidhni ju. Ne shqiptarët flasim shqip në gjuhë të ndryshme. Aq shumë flasim si shqiptarë, saqë as vetë nuk e dimë në jemi shqiptarë apo jo.

Ai: Përderisa ne po flasim shqip dhe po merremi vesh, domethënë që shqiptarët edhe mund të merren vesh me njëri-tjetrin.

Ajo: Por jo për hir të gjuhës ama!

Kamerierja: Do porosisni tani, se lokali është plot me klientë.

Ai: Kjo është e keqja e shqiptarëve. Një lokal të zbrazur, kur ka vetëm dy vetë, e konsiderojnë lokal të mbushur.

Kamerierja: Lokali është i mbushur, sepse ka dy vetë. I zbrazur do qe atëherë kur të kishte vetëm një klient.

Ai: Meqë lokali është i mbushur, sipas teje, do të na bësh ndonjë ulje çmimi?

Kamerierja: Çmimet ulen në bazë të porosisë.

Ajo: Çfarë do të porosisim, i dashur?

Ai: Ou?! Kur u bëra i dashuri yt?!

Ajo: Është një mënyrë të thëni.

Ai: Të thënat varet si thuhen. Kjo e thëna jote se si më tingëlloi.

Ajo: Nuk të pëlqeu tingëllimi?

Ai: Më tingëlloi tingull goxha konfidencial.

Ajo: Se edhe unë, konfindencën po kërkoj nga ti.

Ai: E nderuara konfidente...

Kamerierja: Të nderuar konfidentë. Do të më thoni çfarë do të porosisni? Se ju thashë që jam e mbytur me punë.

Ai: Por si të porosisim kur nuk kemi lexuar ende menutë që na solle?

Kamerierja: Atëherë lexojini, vendosni, ndërkohë që unë po largohem dhe kur të vendosni më lajmëroni duke më fishkëllyer.

Ai: *(Asaj.)* Di të fishkëllesh ti, se unë nuk di.

Ajo: *(Kamerieres.)* Çfarë melodie preferoni që unë të fishkëllej?

Kamerierja: Më pëlqen shumë melodia e këngës "O ku t'ka lala moj kumrije".

Ai: Kjo këngë më pëlqen. A mund ta këndoj në vend të fishkëllimës?

Kamerierja: Vetëm fishkëllimat do të më bëjnë të vijë. Ka ndodhur disa herë që klientët që nuk kanë ditur të fishkëllejnë, kanë kënduar. Stonatura e tyre më ka bërë që t'i godas me këto menu kokës dhe t'i përzë nga lokali.

Ajo: Dhe ata, si kanë reaguar?

Kamerierja: M'u zotuan që do të ndiqnin një kurs privat kantoje.

Ai: E mbajtën zotimin?

Kamerierja: Kur erdhën herën tjetër, kënduan pa asnjë stonaturë. E keqja ishte që lokalit i kërkuan lekët e kursit të kantos.

Ajo: Ia dhatë?

Kamerierja: Ne jemi këtu për të marrë, jo për të dhënë. Ne u japim përshesh me dhallë dhe një dhallë të thartuar. Është receta më e mirë kundër diabetit, kolesterolit, gurëve në veshka, kancerit në qafën e mitrës dhe kancerit të mëlçisë.

Ai: A mund të na i përsërisni edhe njëherë të mirat

që do të na vijnë nga këto lloj dhallërash që ju dispononi?

Kamerierja: Sigurisht. Këto lloj dhallërash bio që disponon lokali ynë me dymbëdhjetë, parandalojnë dhe shërojnë dymbëdhjetë sëmundje të ndryshme.

Ajo: Po në qoftë se unë vuaj vetëm nga dy sëmundje, ç'më duhet dhalla juaj për dhjetë të tjerat?

Ai: Sipas analizave, unë nuk vuaj fare. Asnjë sëmundje nuk ka guxuar të depërtojë në organizmin tim.

Kamerierja: Atëherë për ju kemi një menu të veçantë, që do të të bëjë të sëmuresh me të paktën gjashtë sëmundje, në mënyrë që menuja jonë të ketë efekt.

Ai: Po unë nuk dua të sëmurem nga asnjë lloj sëmundjeje.

Kamerierja: Domethënë, ju doni që ne si lokal të falimentojmë?

Ai: Absolutisht që jo. Por këtë menu mund t'ia servirni zonjës që kam përbri.

Ajo: Në qoftë se, siç ua thashë, unë kam vetëm dy sëmundje, mund të më bini një menu që kuron vetëm këto të dyja?

Kamerierja: Ne shërbejmë në çift. Duhet patjetër që dhe partneri yt të këtë një sëmundje.

Ai: Po kur nuk kam?!

Kamerierja: Do të ta krijojmë ne me dashuri, me mirësjellje dhe me vullnetin tuaj të lirë.

Ai: Ju faleminderit për mirësjelljen, por unë nuk dua të sëmurem.

Ajo: As për të më shpëtuar mua?!

Kamerierja: Nuk do që ta shpëtosh këtë bukuroshe që ke në krah, vetëm e vetëm se nuk do të sëmuresh me nja dy sëmundje të vockla?

Ajo: Zonja po jua bën të qartë, sëmundjet do të jenë fare të vockla. Nuk denjon ta bësh këtë për mua?

Ai: Të më falësh, po kush je ti?

Ajo: Nuk më njeh?

Ai: Absolutisht që jo.

Ajo: E tmerrshme. E tmerrshme. E tmerrshme.

Kamerierja: *(I drejtohet atij.)* S'ke turp! Ju gjej së bashku në tavolinë dhe ke guximin dhe pafytyrësinë të thuash që nuk e njeh?

Ai: Por kur nuk e njoh, nuk kam pse them që e njoh. Kjo më erdhi papritur, ndërkohë që unë prisja atë, dhe m'u ul në tavolinë.

Ajo: Përderisa në lokal nuk kishte asnjë vend bosh, u ula në një karrige që e gjeta bosh.

Kamerierja: E shikoni, pra, çfarë klientele të llahtarshme ka lokali ynë?

Ai: Kjo llahtari e këtij lokali më ka imponuar çdo ditë këtu.

Kamerierja: Por, asnjëherë nuk keni porositur, keni qëndruar më shumë se dymbëdhjetë orë dhe asnjëherë nuk keni paguar.

Ai: Për çfarë të paguaja?

Kamerierja: Për faktin që çdo ditë të pastroja tavolinën dhe të sillja tavllën e cigareve.

Ajo: Nuk e kam parë ndonjëherë zotërinë të pijë cigare.

Kamerierja: E pi fshehurazi. I ka premtuar gruas që nuk do të pijë më cigare dhe vjen këtu dhe e pi fshehurazi. Nuk ka guxim as ta shkundi cigaren në tavllën që unë i ofroj.

Ai: Nuk kam dashur të të mundoj.

Ajo: Atëherë, përse më mundon mua?

Kamerierja: Pse e mundon të shkretën vajzë?

Ai: Ju lutem shumë të dyjave, a mund t'ju bëj një kërkesë, brenda gjithë mirësjelljes që unë pretendoj se kam?

Kamerierja: Po të ishe i mirësjellur, zotëria jote, nuk do ta katandisje këtë vajzë në këtë pikë halli.

Ajo: Lëre, lëre! Përderisa nuk e kupton ku më ka katandisur, do të thotë që është katandisur më keq sesa katandisja ime.

Ai: Ju të dyja, në fakt, më keni katandisur mua në një gjendje, sa unë nuk po arrij të kuptoj katandisjen time.

Ajo: Atëherë qetësohu dhe përpiqu të kuptosh se në çfarë gjendje ke qenë, je dhe do të jesh.

Ai: E pranoj, por dhe ju duhet të bëni të njëjtën gjë.

(Në heshtje bien të tre dakord dhe fillojnë të lëvizin nëpër skenë duke u menduar, duke bërë gjeste të ndryshme dhe herë pas here dhe klithma aprovuese ose klithma që të kujtojnë sirena alarmi. Të tre përfundojnë duke imituar sirena alarmi.)

Kamerierja: *(Ulërin.)* Stop!

(Dy të tjerët ndalojnë në pozicionet që i ka zënë stopi. Kamerierja u afrohet të dyve duke i verifikuar. U lëviz gjymtyrët dhe ata i përgjigjen në mënyrë robotike. I bie me shuplakë të dyve dhe ata përmenden.)

Kamerierja: Jeni mirë?

Ai dhe Ajo: Po!

Kamerierja: Mendoni që mund të ishit edhe më mirë?

Ai dhe Ajo: Jo.

Kamerierja: Atëherë përse grindeni dhe sherroseni me njëri-tjetrin? Ja pra, që gjithçka shkon mirë e bukur.

Ai: Po.

Ajo: Jo. Pavarësisht nga kjo e mirë dhe e bukur që na bashkon, për mua përbën një lloj shqetësimi që kam, që lidhet me fizikun tim elegant, të kolmë dhe të përkryer njëkohësisht.

Ai: Kurrë s'më kishe folur më parë për këtë shqetësim shqetësues.

Ajo: Si mund të të flisja më parë, kur ne sot u takuam për herë të parë?!

Kamerierja: Zonjë e nderuar! Me çfarë lidhet konkretisht ky lloj shqetësimi që të shqetëson?

Ajo: Po ja, herë pas here më kruhen cicat, sidomos kur bëj dush me ujë të ftohtë. Dhe më e tmerrshmja është se gjithmonë shikoj ëndrra sikur nuk kam cica fare.

Kamerierja: Kjo është një shenjë shumë domethënëse, që ty deri tani nuk të ka kapur njeri prej cicash dhe, për pasojë, mund të vuash nga kanceri i gjirit.

Ajo: Po për kancerin e cicave-gjirave, nuk keni parashikuar ndonjë menu të posaçme?

Kamerierja: Sigurisht, por kjo varet nga lloji i cicave që disponon klientja.

Ai: Po sikur ne të mos vuajmë nga këto lloj sëmundjesh, që ju pretendoni se i kuroni?

Kamerierja: Mund të mos vuani sot, por kush ju siguron që nuk do të vuani të nesërmen?

Ajo: Keni ndonjë mjek apo dietolog, që mund të na shërbejë me këshillat e tij?

Kamerierja: Sigurisht. Çdo menu dhe ushqim që përgatitet për klientët tanë, ka konsulencën e rreptë të disa dietologëve, të cilët janë të lumtur që shërbejnë në këtë lokal, për t'i shërbyer sa më shëndetshëm klientëve tanë, që sa vijnë dhe shtohen. Jeni vërtet vetëm dy klientë në këtë lokal, por ama vetëm për momentin. Në qoftë se do të keni kënaqësinë e padiskutueshme të qëndrimit edhe më gjatë në këtë lokal, do të jeni dëshmitarë të klientelës tonë, e cila sa vjen dhe rritet.

Ajo: Për të marrë një gjykim profesional për menunë tuaj dhe gamën e madhe të asortimenteve që ju shërbeni, mund të bëjmë një konsultim me kryedietologun tuaj?

Ai: Në qoftë se ai do të ketë kohën e nevojshme për të biseduar me ne.

Kamerierja: Koha e tij është gjithmonë në funksion të klientëve tanë.

Ai: Edhe atë do ta ftojmë me fishkëllima, apo duke kënduar?

Kamerierja: Për momentin do të shkoj unë ta thërras.

Ai: Faleminderit!

Ajo: Faleminderit!

(Ajo hap dhe lexon menynë. Ai e imiton. Shihen sy më sy dhe të dy mbyllin njëkohësisht menytë përkatëse.)

Ajo: Arrite ta lexosh të tërën?

Ai: Vetëm në pak gjuhë.

Ajo: Mua m'u duk që menuja ishte e shkruar vetëm në shqip.

Ai: Pikërisht. Prandaj kam shumë paqartësira, sepse shkruajmë dhe flasim shqip, por nuk merremi vesh dhe nuk kuptohemi me njëri-tjetrin.

(Hyn kamerierja. Pas saj vjen një person i veshur me veshjen tipike të një kuzhinieri, me kapuçin e bardhë në kokë, duke mbajtur në duar disa mjete të kuzhinës, si garuzhde, tenxhere, lugë, pirun etj. Është i njollosur në veshjen e tij me lloj-lloj ngjyrash dhe njollash. Fytyra është gati e palexueshme nga njollat që i janë shkaktuar nga gatimet. Ai dhe Ajo çohen në këmbë dhe të tmerruar fshihen poshtë

tavolinës. Dietologu afrohet drejt tavolinës dhe godet me grushte disa herë sipërfaqen e tavolinës. Ai dhe ajo çohen me duart lart.)

Kamerierja: Ju lutem! Ju lutem! Qetësohuni! Ky është ai për të cilin ju fola.

Ajo: A mund t'i ulim duart?!

Dietologu: Mund t'i ulësh në qoftë se ndër xhepa nuk ke armë të ngrohta ose të ftohta!

Ai: Po unë që kam vetëm një armë të vakët, pra as të ngrohtë e as të ftohtë, a mund t'i ul duart?!

Dietologu: Varet nga temperatura maksimale dhe minimale që ka arma juaj. E mira është që në raport dhe gjatë bisedës me mua, ta lini në tavolinë atë lloj arme.

Kamerierja: Ju lutem! Ju lutem! Qëllimi i takimit tonë, me kërkesën tuaj, ishte vetëm sqarim i përbërësve ushqimorë që përmban menuja jonë. Mos të hyjmë në kanale dhe anale të tjera.

Dietologu: Duke qenë se qëllimi im parësor është mirushqyerja e popullatës, preferoj të kontaktoj njerëz, të cilët më mirëkuptojnë dhe më mirëbesojnë. Të nderuar klientë! Cili është problemi juaj, në raport me menunë dhe ushqimet që unë servir në këtë lokal?

Ai: Nuk mund të japim një mendim të përcaktuar, sepse akoma nuk kemi provuar asnjë lloj ushqimi të përgatitur nga ju. Përpara se t'i provojmë, a mund të na thoni origjinën dhe efektshmërinë që kanë ushqimet tuaja në një organizëm njerëzor?

Dietologu: Lënda e parë ushqimore që përdor ky lokal është padiskutueshmërisht më e mira në rajonin tonë. Kur them rajon, e kam fjalën jo vetëm për rajonet me të cilat ne kufizohemi, por edhe më gjerë. Ky produkt ushqimor, i përgatitur dhe i servirur nga lokali ynë, në një të ardhme afatshkurtër, afatgjatë dhe deri në limitet e kulinarisë botërore, do të mund të marrë çmimet më prestigjioze në mbarë botën. Gjellërat e mia do të kenë mundësi t'i shijojnë qeveritarë dhe presidentë shtetesh. Atëherë, kur unë mund të ushqej me ushqimet e mia këtë lloj kategorie njerëzish, si mundet të mos ju shërbej juve, pra dy anonimëve, me formulat e mia?

Ajo: I nderuar zotëri. A mund të na thoni çfarë lloj arsimimi kulinar keni kryer?

Dietologu: Shkollimi nuk vlen asnjë gjë në raport me përvojën jetësore. Këtë përvojë unë e kam përftuar nga gjyshja ime e ndjerë, e cila përdorte për mjekime efikase të gjitha gjethet dhe lulet që e rrethonin. Çdo bimë dhe gjethe ka efektin e saj shërues. Mjafton të dish kur dhe tek cili pacient duhet përdorur. Për shembull, në qoftë se të pëlqen japraku, duhet përdorur gjethja e rrushit. Në qoftë se ke dhimbje të kokës, mund të përdorësh njëzet e shtatë lloje gjethesh dhe bimësh, nga të cilat mund të mos bëjë efekt asnjëra. Por nuk presupozon që ti të heqësh dorë nga to, sepse dikur mbase ndonjëra mund të të bëjë edhe efekt.

Ai: Të pyetëm për ushqimin që mund të na serviresh.

Dietologu: Për atë po flisja deri tani.

Ajo: Po nuk na the asgjë për përsheshin me dhallë, dhallën e thartuar, recetat më të mira kundër diabetit, kolesterolit, gurëve në veshka, kancerit në qafën e mitrës, kancerit të mëlçisë, si dhe kancerit të cicave.

Dietologu: Kjo varet nga lloji i cicave. A mundet që të më tregoni cicat tuaja, në mënyrë që unë t'i vështroj, t'i prek, t'i diagnostikoj nëpërmjet duarve të mia delikate, në mënyrë që të kem mundësi të përcaktoj diagnozën dhe më pas mjetin e kurimit?

Ajo: Dhe këtë doni ta bëni këtu, në sy të të dashurit tim?

Kamerierja: Ju lutem shumë! Boll e ngarkuat

profesorin me pyetje idiote. Do të porosisni gjë në këtë lokal, apo jo?

Ajo: Po si të porosisim, kur nuk e dimë se çfarë do të hamë?

Ai: Jam gati të ha çdo gjë, vetëm ma sillni se më griu uria.

Dietologu: Ja, ky është tamam burrë. Do që të hajë dhe nuk i intereson se çfarë ha.

Ajo: Po mua që më intereson?

Kamerierja: Ndiq shembullin e burrit tënd!

Ajo: Këtë nuk e kam burrë unë.

Kamerierja: Më keq për ty. Një burrë si ky do ta kishte zili kushdo.

Ajo: Merre ti për burrë, atëherë!

Kamerierja: Nuk kam pse marr burrin e një tjetre. Unë kam njëqind meshkuj që më vijnë vërdallë.

Ajo: Dhe nuk ke zgjedhur akoma asnjërin? Kjo tregon që ke preferenca të tjera seksuale.

Kamerierja: Preferencat e mia i dinë fare mirë ata njëqind burrat që të thashë.

Dietologu: Madje, i di edhe unë.

Ai: Do na sillni ndonjë gjë për të ngrënë, se mua nuk më plas fare për preferencat tuaja.

Kamerierja: Urdhëroni! Çfarë dëshironi?

Ai: Çfarëdolloj gjëje që mund të jetë e ngrënshme në këtë lokal. Vetëm, ju lutem, na i bini sa më shpejt, se përndryshe nuk do t'ia shoh më bojën këtij lokali.

Kamerierja: Keni plotësisht të drejtë, por kjo nuk varet nga unë. Varet nga zotëria që gatuan me duart e tij delikate.

Dietologu: Kam një orë këtu dhe akoma nuk po më thoni çfarë dëshironi që unë t'ju gatuaj. Çifti juaj më kujton një çift tjetër, i cili frekuentonte çdo ditë lokalin tonë dhe nuk porosiste kurrë asgjë.

Kamerierja: E ke fjalën për atë vajzën bionde me kaçurrela dhe atë djalin me flokë të zinj të drejtë?

Dietologu: Jo, jo. Ajo ishte brune me flokë të drejta, ndërsa ai biond me kaçurrela.

Ai: Këtë çiftin më duket sikur i kam parë edhe unë në këtë lokal.

Ajo: Po unë, pse nuk i kam parë?

Ai: Sepse nuk kemi qenë bashkë në atë moment.

Ajo: Ne bashkë nuk kemi qenë asnjëherë.

Ai: Atëherë përse më the «i dashur»?

Ajo: Dashuria nuk ka lidhje me të qenit bashkë. Dashuria është frymë dhe jo kontakt.

Kamerierja: Domethënë, sa herë që unë marr frymë, dashuroj?

Ajo: Sa herë që ti merr frymë, po aq herë dashuron.

Kamerierja: Po kë?!

Ajo: Atë mund ta dish vetëm ti.

Kamerierja: Po kur nuk e di?!

Ajo: Vazhdo të marrësh frymë.

Ai: Po kur vuajmë nga mushkëritë dhe mezi marrim frymë, prapë dashurojmë?

Dietologu: Prandaj e kemi ndërtuar, krijuar dhe modeluar këtë lokal. T'u shërbejmë njerëzve duke u hequr të tëra sëmundjet, në mënyrë që ata ta gëzojnë jetën dhe të vazhdojnë të dashurojnë.

Ajo: Por kur nuk kam njeri që ta dashuroj, me kë të dashurohem?

Ai: Ja ku më ke. Dashurohu me mua dhe merr frymë sa të duash.

Ajo: Si mundem të të dashuroj kur unë nuk të njoh fare?!

Ai: Njihemi atëherë.

Ajo: Dhe po u njohëm?!

Ai: Atëherë nuk ke për të më dashuruar kurrë, sepse ti je një femër egoiste, e pavëmendshme, e pakuptueshme, e patolerueshme dhe e pa, e pa, e pa dhe shumë pa të tjera. (*Pauzë.*) Do të më sillni ndonjë gjë për të ngrënë, apo edhe ky lokal hyn tek ato pa-pa-të, me të cilat jam ngopur pa ngrënë asnjë gjë.

Dietologu: Këtë thoshte edhe ai çifti biondo-brun. Ankohej sa herë që vinte, se unë u shërbeja vetëm asortimentet që përmban menuja jonë e larmishme.

Ai: Na i sillni pra këto asortimente të larmishme, se është e njëqindta herë që po jua them, por ju lutem, po ju përgjërohem dhe po ju bie në gjunjë. Të jeni të bindur që mbas dy minutash do të më bjerë të fikët nga të pangrënët, sepse vuaj nga diabeti.

Ajo: Mos u përkëdhel, i dashur! Kurrë s'më ke thënë që vuan nga diabeti.

Ai: Nuk kam pasur rast, sepse është hera e parë që takohemi.

Dietologu: Do porosisni ndonjë gjë, se po më mbaron orari i punës mua?

Ajo: Unë do të preferoja oktapod me nëntë këmbë, iriqa deti me ngjyrë çiklamini dhe supën e famshme të breshkave të detit, të kapur në brigjet që ndajnë deltën e Amazonës me oqeanin Indian. I keni këto në menunë tuaj?

Dietologu: Për këtë duhet të pyesni kamarieren.

Ai: Zonja kamariere, a i keni këto asortimente shtesë që porositi ajo që pretendon se është e dashura ime?

Kamerierja: Çdo gjë që keni në menutë përkatëse, ne e disponojmë.

Ai: Këto që ju porositën, i keni po jo?

Kamerierja: Çdo gjë që keni në menutë përkatëse,

ne i disponojmë.

Ajo: A mund të ma përktheni ose sqaroni këtë menu, se nga këto që thoni ju, më rezulton që nuk ka asgjë.

Dietologu: E keni lexuar me vëmendjen maksimale menunë që ofron lokali ynë?

Ai dhe Ajo: Jo, jo.

Kamerierja: E shikoni pra, që gabimi nuk është i yni. Do t'ju lutesha ta lexonit edhe njëherë me vëmendje menunë tonë.

Ai: Do të më sillni ndonjë gjë për të ngrënë apo...

Kamerierja: Apo, çfarë?!

Ajo: Apo, çfarë?!

Dietologu: Apo, çfarë?

Ai: Do të hyj vetë me vrap në kuzhinë, do të mbush një pjatë të madhe plot me ç'të më zërë dora dhe do të ha.

Dietologu: Në qoftë se do të mund ta gjeni kuzhinën.

Kamerierja: Provojeni po jua mbajti.

Ajo: Në qoftë se nuk ia mban këtij, ma mban mua. Do të hamë dhe do të pimë në këtë lokal sa të dendemi dhe paratë do t'i paguajmë kur të na dojë kokrra e qejfit, se na e sollët në majë të hundës.

Kamerierja: Kështu tha dhe ai çifti biondo-brun, por asnjëherë nuk e bëri.

Ai: Nuk më intereson çifti bruno-biond. Për të njëmiliontën herë po ju pyes, do të na bini ndonjë gjë për të ngrënë, apo jo?!

Kamerierja: Si mund t'ju biem ndonjë gjë nga kaq e kaq shumë gjëra që ka lokali ynë? Si mundem unë t'ju shërbej kur ju nuk keni lexuar akoma menunë e famshme të këtij lokali?

Dietologu: Kushti i parë që ju duhet të plotësoni përpara se të bëni porosinë tuaj, është të lexoni me vëmendjen e duhur menunë e famshme të këtij lokali.

(Ai dhe Ajo shikohen në sy, aprovojnë në heshtje njëri-tjetrin dhe njëkohësisht hapin menytë përkatëse.)

Ai: *(Lexon.)* O malet e Shqipërisë dhe ju o lisat e gjatë.

Ajo: Fushat e gjera me lule, që ju kam ndërmend ditë e natë.

Ai: Do të kullos bagëtinë, që ju mbani dhe ushqeni.

Ajo: O lokal i nderuar, ju mendjen ma dëfreni.

Ai: Kur dëgjon zërin e s'ëmës, qysh e le qingji kopenë.

Ajo: Blegërin dy a tri herë dhe ikën e merr dhenë.

Ai: Por s'ka ku shkon se dheu i tij.

Ajo: Është ky lokal që bëhet dhe varri i tij.

Ai: Çdo kockë e gjorë shkëputur nga ai mish.

Ajo: Do të bëhet pleh për lulet, për çdo varg me fiq.

Ai: Ju bëftë mirë menuja jonë!

Ajo: Falcmindcrit që zgjodhët lokalin tonë!

(Shihen të dy sy më sy dhe njëkohësisht mbyllin menytë përkatëse.)

Ai: Më falni! Çfarë mund të porosisim nga kjo lloj menuje, kur ne nuk lexuam asnjë lloj ushqimi?

Kamerierja: Nuk ju mjaftuan të gjitha ato që lexuat?

Dietologu: Po të mos kishim male, pyje të gjelbëruar, kope të tëra me qingja dhe kecër, me lopë dhe buaj, si do të mund të siguronim menunë e famshme të këtij lokali?

Ajo: Kini vërtet kope të tilla këtu në lokalin tuaj?

Dietologu: Detyra jonë është t'i gatuajmë dhe t'i servirim. Në qoftë se ju vini në lokalin tonë të papërgatitur, atëherë ne nuk kemi se si t'ju gatuajmë dhe çfarë t'ju servirim.

Ai: Që do të thotë?!

Ajo: Që do të thotë?!

Kamerierja: Që do të thotë, që ju duhet të vinit të përgatitur në këtë lokal.

Ai: Pra, ju nuk shërbeni asgjë në qoftë se ne nuk vijmë të përgatitur.

Kamerierja: Sigurisht.

Ai: A ka ndonjë gjë që mund të na shërbejë lokali juaj?

Dietologu: Sigurisht, kemi dy armë gjahu, të cilat, kundrejt pagesës, mund t'jua vëmë në dispozicion.

Ai: Në dispozicionin e kujt?

Kamerierja: Në dispozicionin e të dyve.

Dietologu: Përpos kësaj, secili nga ju ka edhe një gjerdan fishekësh për të qëlluar harabela, mëllenja, shapka, fazanë, pulëbardha dhe pulëzeza, sikundër mund të qëlloni dhe të vrisni edhe dhelpra, ujq, sorkadhe, derra të egër dhe arinj të murrmë.

Kamerierja: Ju dukeni nga pamja që jeni një çift luftëtarësh. *(Del me vrap nga skena.)*

Ajo: I dashur. Kjo më duket një ide shumë interesante. Në qoftë se të dy do të kemi nga një çifte në dorë, atëherë shumë kollaj ne të dy mund të bëhemi çift.

Ai: Po unë nuk kam mbajtur asnjëherë në dorë ndonjë çifte.

Ajo: Po për të vrarë, ke vrarë gjë?

Ai: Kur nuk kam pasur çifte, me se do t'i vrisja?

Dietologu: Kanë ardhur në këtë lokal edhe njerëz që nuk kishin mbajtur kurrë në jetën e tyre çifte, edhe pse ishin tek, por ama kanë bërë kërdinë me çiften që u kemi dhënë ne.

(Hyn kamerierja me dy çifte në dorë dhe ia jep secilit.)

Kamerierja: Ja ku i keni. Më prisni një sekondë sa të marr dhe vezmet. *(Del prapë me vrap nga skena.)*

(Ai e ul me ngadalë çiften në tokë, me tytë nga Ajo. Ajo bën të njëjtën gjë. E ul çiften në tokë me drejtimin nga Ai.)

Dietologu: Po kështu ia kanë drejtuar armët njëri-tjetrit 94.7 për qind të rasteve. 34.2 për qind të rasteve rezultuan me plagosje të lehta. 22.6 për qind të rasteve, fatkeqësisht përfunduan me vdekjen e njërit, ndërsa vetëm 5.2 për qind të rasteve rezultuan me vdekje të përbashkëta.

(Hyn me vrap kamerierja dhe u sjell gjerdanët e fishekëve. Ia vendos secilit në brez dhe distancohet.)

Dietologu: Mbushini armët!

(Të dy instinktivisht marrin çiftet dhe i mbushin me fishekë.)

Dietologu: Çiftja, nisur nga fjala çift, ka dy fishekë. Përpara se të shkoni për të gjuajtur, duhet bërë kontrolli i armës. Ngrijini tytat lart dhe qëlloni.

(Të dy zbatojnë urdhrin. Ngrënë tyta lart dhe qëllojnë njëkohësisht.)

Dietologu: Ja pra, siç e shikoni, armët tona janë efikase. Vetëm kujdes në atë çka do qëlloni.

Ai: Në këtë zonën përreth, ka ndonjë gjë që mund ta qëllojmë?

Dietologu: E rëndësishme është jo të qëlloni, por të vrisni.

Ajo: Po mua që më vjen keq të vras shpendë ose kafshë të pafajshme?

Ai: Ka ndonjë shpend ose kafshë të pafajshme në këtë territor?

Dietologu: Absolutisht jo. Të gjitha janë vrarë nga ata që kanë qenë përpara jush.

Ai: Atëherë çfarë do të mund të vrasim ne?

Dietologu: Ju do të bëni kujdesin maksimal të mos vrisni njëri-tjetrin.

Kamerierja: Jo gjithmonë kujdesi maksimal ka rezultuar efikas. Nga përvoja ime, ka pasur shumë raste që të qenit i kujdesshëm ka rezultuar si një kujdes fatal.

Dietologu: Ky lloj fataliteti na ka shërbyer në lokalin tonë, sikundër çdo lloj normaliteti na është kthyer në të kundërt.

Ajo: Pra, sipas jush, ne duhet të vritemi me njëri-tjetrin, që ju të keni sukses në biznesin tuaj?

Kamerierja: Armët i keni. Mund t'i përdorni si të doni, mund të qëlloni kë të doni, mund të vrisni kë të doni dhe ne jemi të gatshëm t'jua servirim atë që ju do të vrisni.

Ai: Po sikur unë të mos dua të vras asgjë, të mos dua ta tërheq këmbëzën e çiftes dhe këtë çifte që ju më dhatë t'jua përplas surratit?!

Dietologu: Aq më keq për ju. Kjo më bën të mendoj që, megjithëse jeni shumë i uritur, mund të ndërmerrni veprime aspak të arsyeshme në raport me urinë tuaj.

Ajo: Duke folur të tërë bashkë për urinë, më duket sikur po më merr edhe mua uria. Do të na sillni ndonjë gjë për të ngrënë, apo jo?

Kamerierja: Uria nuk ka të bëjë me të ngrënit. Unë kam shumë vite pa ngrënë dhe nuk vuaj nga uria. Uria është koncept, është metaforë, është iluzion i një truri që prodhon amalgame të çuditshme. Këto lloj amalgamash varet nga si organizmi njerëzor i përthith, i përpunon, i vlerëson dhe i transmeton.

Ajo: Do të na jepni ndonjë gjë për të ngrënë, apo jo?

Ai: Në qoftë se për pesë minuta, ju nuk do të më jepni çfarëdolloj gjëje për të ngrënë, unë do të vdes dhe përgjegjësit e vdekjes sime do të jeni ju.

Kamerierja: Vdekja duhet të shihet në dy aspekte. Përse dhe si. A ia vlen të vdesësh për "përsetë" e tua dhe si preferon të vdesësh?

Ai: Unë po vendosa të vdes, do të vdes dhe pikë.

Ajo: Nuk është kaq e thjeshtë vdekja, i dashur. Ku do të më lësh mua pas vdekjes tënde? Si mundem që unë të jetoj e lumtur pas humbjes tënde?

Ai: Të humbur kemi qenë tërë jetën me njëri-tjetrin. Nuk të kam dhënë asnjë gjë, sikundër edhe ti nuk më ke dhënë asgjë.

Ajo: Si mund të të jepja, kur unë nuk të kam njohur?

Ai: Atëherë, mosnjohja ka qenë ajo që na bashkoi të dyve.

Ajo: Njohja dhe mosnjohja nuk ka të bëjë me ne të dy. Ne jemi këta që jemi, sepse njihemi dhe nuk njihemi. Më mirë të mos njihemi, sepse po të njihemi, nuk e di se sa shumë do të mund të të urreja.

Ai: Unë do të dëshiroja që të njiheshim më shumë seç jemi njohur, në mënyrë që të mund të të doja më shumë.

Ajo: Njohja nuk ka lidhje me dashurinë. Sa më shumë të njihemi, aq më tepër do të urrehemi. Urrejtja është një ndjenjë më e fortë se dashuria. Pra, në qoftë se urrehemi, do të duhemi më shumë, sepse na bashkon e njëjta ndjenjë.

Dietologu: Unë as ju dua dhe as ju urrej. Mua më intereson biznesi im. Do të dilni për gjah, apo jo?

Kamerierja: Kjo nuk ju kushton asnjë gjë. Mjafton të ngriheni nga kjo tavolinë dhe të merrni rrugët e gjahut.

Ai: Mund të na këshilloni, nga cila rrugë do të mund

të kalojmë?

Ajo: Unë jam gati të eci në çfarëdolloj rruge, mjafton që të vras diçka.

Dietologu: Ka vetëm katër rrugë të mundshme: veri, jug, lindje, perëndim, varet kë do të zgjidhni dhe preferoni ju.

Ai: Unë preferoj perëndimin.

Ajo: Po nëse unë do të preferoja lindjen?

Ai: Atëherë zgjedhim një të mesme, jugun.

Kamerierja: Sa më shumë të vonoheni, aq më tepër do t'ju marrë uria. Shkoni kudo qoftë dhe vrisni diçka që ne të mundemi t'jua gatuajmë dhe t'jua servirim.

Dietologu: Duhet të bëni kujdes që plumbat të mos i harxhoni kot. Çdo plumb ka vlerën e tij financiare dhe në qoftë se plumbat e harxhuar vlejnë më tepër sasa malli që do të na sillni, do të jeni përsëri të detyruar të paguani.

Ai: Ju kanë ndodhur raste të tilla në lokalin tuaj?

Kamerierja: Ne si lokal kemi një regjistër të saktë dhe të detajuar për çfarëdolloj rasti. Në vitet e para të aktivitetit tonë, prurjet nga çiftet që gjuanin çfarëdolloj shpendi ose kafshe, ishin shumë të mira. Me kalimin e viteve, duke u rralluar shpendaria dhe kafshëria, derisa përfunduam në zero shpend dhe zero kafshë, çiftet filluan të vrisnin njëri-tjetrin. Sado që duheshin, ata e vrisnin njëri-tjetrin për mbijetesë.

Ajo: Më pas, çfarë ndodhte?

Dietologu: Të dyja palët ishin të kënaqura. Njëri shkonte në parajsë, ndërsa tjetri kënaqej me mishin dhe kockat e gatuara nga unë, duke menduar që po i bënte një shërbesë partnerit të vet duke e futur brenda qenies së tij.

Ajo: Po ky është kanibalizëm.

Dietologu: Sigurisht. Përderisa ne vrasim njëri-tjetrin, përse edhe nuk mund ta hamë njëri-tjetrin?

Ai: Sa kohë keni që shërbeni mish njeriu?

Dietologu: Mishi, qoftë njerëzor apo shtazor, nuk ka shumë diferencë. E veçanta qëndron ke cilësia dhe freskia. Sa më i freskët, aq më kollaj gatuhet.

Ajo: Sipas kësaj që dëgjova, ne duhet të vrasim njëri-tjetrin, në mënyrë që njëri të jetojë duke ngrënë mishin e partnerit?

Kamerierja: Mund të vriteni edhe të dy njëkohësisht, që ne të na shërbejë si lëndë e parë për klientët që do të na vijnë.

Ai: Po në qoftë se unë nuk kam se ç'vras në këtë zonë dhe nuk dua të vras të dashurën time, çfarë ndodh?

Ajo: As unë nuk dua të të vras ty, i dashur, por në qoftë se nuk kemi çfarë të vrasim, si do të mund t'i harxhojmë fishekët?

Dietologu: Është krejtësisht në vullnetin tuaj vrasja ose mos vrasja. Në qoftë se vrisni diçka, do të mund të ushqeheni. Në qoftë se nuk do të vrisni asgjë, mund t'ju ndodhë që të vdisni nga uria dhe kjo gjë do të na shërbejë vetëm neve si restorant për të pasur një mish njerëzor jo të freskët, por gjithsesi të ngrënshëm.

Ai: Jeni të sigurt që mishi ynë, sado i freskët ose i bajatosur, do t'i shërbente kuzhinës suaj?

Dietologu: Mishrat e ndenjur, përpara se t'i servir, i marinoj me shumë lloje erëzash. Më vjen keq që në qoftë se do të vriteni të dy, nuk do të mund të keni mundësinë e shijimit të mishrave përkatës, por jam i bindur që mishrat tuaj, së bashku me kockat, do të jenë një ushqim fantastik për këdo që do të ketë fatin t'i shijojë.

Ajo: Cilat nga pjesët e mia trupore do të preferonit t'i gatuanit?

Dietologu: Më të preferuarat janë cicat. Janë të buta dhe frymëzuese.

Ai: Po unë që nuk kam cica?

Dietologu: Pjesa më e preferuar janë testikujt. Janë dy gjëndra që, po të dish t'i gatuash, ndikojnë në pjellshmërinë njerëzore.

Ai: Në qoftë se meshkujve u hiqen testikujt, si mund të riprodhohet raca njerëzore?

Kamerierja: Unë nuk kam testikuj, por kam mitër. Mitra ime mund të mbarset edhe nga testikuj jo njerëzorë. Mbarsja është një koncept universal, që nuk varet nga testikujt e një mashkulli. Femrat mbarsen kur duan ato, pavarësisht llojit të testikujve. Ajo që ka rëndësi është mitra, toka që e ushqen krijesën që do të lindë. Mëmësia, sado e pavlerësuar qoftë deri tani, është ajo që njerëzimin e mban gjallë, e zhvillon dhe e bën të jetë më tepër njerëzor. Çdo gjë që del nga mitra e një nëne, është një qenie që meriton të duhet, të respektohet dhe të vlerësohet. Të gjithë jemi të barabartë si qenie njerëzore, sepse gjithsekush ka dalë nga një mitër nëne.

Ajo: Po në qoftë se vdes ose vritem, mitra ime nuk do të shërbejë më për riprodhim.

Ai: Nuk të kam thënë kurrë që do të të vras, sado i pangrënë të jem.

Ajo: Në qoftë se unë do të isha në prag të vdekjes nga uria, testikujt e tu mund të më ndihmonin të shpëtoja nga vdekja.

Kamerierja: Do të dilni për gjah, apo jo?

Dietologu: Në qoftë se nuk dilni për gjah, nuk keni çfarë na sillni për të gatuar dhe rrjedhimisht do të vdisni të dy nga uria.

Ai: Më fal që po ju pyes, në mungesë të klientëve si puna jonë, ju me çfarë ushqeheni?

Kamerierja: Klientët nuk na mungojnë. Të gjithë vijnë çift dhe çdo çift ka dëshirë të vrasë njëri-tjetrin.

Ajo: Po çiftet që nuk duan ta vrasin njëri-tjetrin, me çfarë ushqehen në këtë lokal?

Dietologu: Siç e shikoni, serviset i keni në tavolinë. Keni lugë, pirunë, thika të përmasave të ndryshme. Në qoftë se çifti nuk preferon të shkojë për gjah dhe të vrasë njëri-tjetrin, mund ta bëjnë fare mirë në këtë tavolinë, duke përdorur thikat dhe pirunët. Çdokush është i lirë t'i nxjerri sytë tjetrit me një pirun ose me një thikë speciale, duke i prerë fytin. Pecetat shërbejnë në këtë rast për pastrimin e gjakut.

Kamerierja: Pra, çiftet i keni, mjetet e duhura vrasëse i keni mbi tavolinë dhe mjafton të zgjidhni.

Ajo: Po kjo është makabre. Kush dreqin na solli në këtë lokal?

Ai: Ti e di fare mirë, e dashur. Na solli era.

Kamerierja: Pse, çfarë ere mban lokali ynë?

Dietologu: Besoj t'ju ketë sjellë era e këndshme e gatimeve të mia.

Ai: Ajo që thua zotrote nuk quhet erë. Quhet aromë.

Dietologu: Qoftë edhe ashtu.

Ai: Nuk është hiç ashtu. Ne na solli këtu era që fryn. Era që tund gjethet e pemëve dhe që rrëzon përtokë frutat e pjekura.

Kamerierja: Pra, keni ardhur këtu duke fluturuar të shtyrë nga era?

Ajo: Po. Hipëm në një balonë të madhe dhe era na solli këtu.

Ai: Kur era pushoi, balona u ul ngadalë dhe ne zbritëm këtu.

Ajo: E kuptoni pra që po të na soset durimi, ne i

hipim përsëri balonës dhe fluturojmë që këtej.

Kamerierja: Në qoftë se do të fryjë ndonjë lloj ere.

Ai: Në qoftë se nuk fryn tani, do të presim deri sa të fryjë.

Dietologu: Domethënë që do të plakeni këtu. Në këtë vend asnjëherë nuk ka fryrë erë.

Ai: Atëherë do t'ia mbathim me vrap e do ikim sa më larg nga ky vend.

Dietologu: Domethënë do të plakeni duke vrapuar. Çdo vend tjetër është larg prej këtej, të paktën njëqind vjet jetë.

Ajo: I dashur, këta qenkan të shkalluar fare. Merr urgjent në telefon mamin tim dhe thuaji të na vijë urgjentisht të na marrë.

Ai: *(Nxjerr celularin dhe e shikon.)* S'ka valë.

Ajo: Do të presim deri sa të vijnë valët.

Dietologu: Domethënë do të prisni deri në vdekjen tuaj.

Kamerierja: Këtu asnjëherë nuk ka pasur dhe nuk do të ketë valë.

Ajo: Po si komunikoni me të tjerët kur keni ndonjë nevojë ose problem?

Dietologu: Asnjëherë nuk keni pasur asnjë problem dhe nevojat tona i përmbushim duke qenë bashkë me zonjushën e nderuar dhe me klientët e herë pas hershëm.

Ajo: Po kur sëmureni, si e njoftoni ambulancën?

Kamerierja: Me këtë ushqim që konsumojmë ne, si mund të sëmuremi?!

Dietologu: Të gjithë antitrupat që evitojnë çdo lloj sëmundjeje i marrim nëpërmjet mishit që konsumojmë.

Kamerierja: Çdo lloj sëmundjesh që kanë pasur

klientët tanë, na kanë shërbyer si vaksina për organizmin tonë.

Dietologu: Sa më tepër sëmundje të ketë pasur një klient, aq më i vlefshëm ka qenë konsumimi i tij.

Ajo: I dashur, bëjmë mirë të largohemi nga ky vend i mallkuar.

Ai: Pa filluar të fryjë erë, nuk kemi si largohemi.

Ajo: T'ia mbathim me vrap atëherë.

Dietologu: Domethënë do të plakeni duke vrapuar.

Ajo: Më mirë të plakemi duke vrapuar sesa të na hani ju.

Dietologu: Në qoftë se nuk e vrisni njëri-tjetrin, nuk kemi si t'ju hamë.

Ai: Si ka mundësi që nuk keni ngrënë njëri-tjetrin deri tani?

Kamerierja: Po ta ha unë, kush do të gatuajë?

Dietologu: Po ta ha unë, kush do të shërbejë?

Ai: Ju lutem, hani njëri-tjetrin dhe në këtë lokal do të gatuaj unë dhe e dashura ime do të shërbejë. Pra, biznesi juaj do të vazhdojë.

Dietologu: Çfarë di të gatuash ti?

Ai: Unë gatuaj përshesh me dhallë... dhe një dhallë të thartuar. Është receta më e mirë kundër diabetit, kolesterolit, gurëve në veshka, kancerit në qafën e mitrës dhe kancerit të mëlçisë. Lënda e parë ushqimore që përdor ky lokal është padiskutueshmërisht më e mira në rajonin tonë. Kur them rajon e kam fjalën jo vetëm për rajonet me të cilat ne kufizohemi, por edhe më gjerë. Ky produkt ushqimor, i përgatitur dhe i servirur nga lokali ynë, në një të ardhme afatshkurtër, afatgjatë dhe deri në limitet e kulinarisë botërore, do të mund të marrë çmimet më prestigjioze në mbarë botën. Gjellërat e mia do të kenë mundësi t'i shijojnë qeveritarë dhe presidentë shtetesh.

Ajo: Kjo më ka bërë të marrosem pas teje, i dashur. Gjithmonë kam qenë e bindur në talentet e tua të jashtëzakonshme. Kam qenë dhe do të jem gjithmonë gruaja më e lumtur në botë.

Kamerierja: Po ju sikur thatë që sot është hera e para që po takoheni.

Ajo: Është e vërtetë, por ne e njihnim shumë mirë njëri-tjetrin edhe pa u takuar.

Dietologu: Po si mund të njiheshit pa u takuar dhe pa komunikuar me njëri-tjetrin?

Ai: Komunikimi nuk ka të bëjë fare me njohjen. Po të kishim komunikuar, nuk do ta njihnim fare njëri-tjetrin. Komunikimi është pengesa më serioze për të njohur dikë.

Ajo: Sepse kur komunikojnë, njerëzit kurrë nuk thonë të vërtetën, kurrë nuk shfaqen ashtu siç janë.

Dietologu: Domethënë, unë që kam shumë kohë që komunikoj me këtë zonjushën e bukur, sipas jush, nuk e njoh fare?

Ai: Sigurisht.

Kamerierja: Pra, sipas jush, as unë nuk e njoh fare këtë?

Ajo: Sigurisht.

Dietologu: Kjo është vërtet për të qeshur me të madhe. *(Fillon qesh.)*

Kamerierja: Me këto budallallëqet tuaja po më vjen edhe mua për të qeshur.

(Fillon qesh. Gradualisht fillojnë të qeshin edhe Ai dhe Ajo. Të katërt fillojnë të qeshin me të madhe. Në qeshje e sipër, AI dhe Ajo i afrohen përkatësisht Dietologut dhe Kamerieres, duke i vendosur çiftet në duart e tyre dhe gjerdanët me fishek rreth brezit. Befas Dietologu dhe Kamerierja vlerësojnë armët në duart e tyre, vlerësojnë gjerdanët që i kanë në brez dhe pushojnë menjëherë se qeshuri, ndërkohë

që Ai dhe Ajo vazhdojnë të qeshin me të madhe. U afrohen të dyve dhe, duke i kapur nga duart, i drejtojnë për nga tavolina dhe i ulin në karriget përkatëse.)

Ajo: Mirë se erdhët në lokalin tonë! Me çfarë mund t'ju shërbejmë?

Kamerierja: Unë do të preferoja oktapod me nëntë këmbë, iriqa deti me ngjyrë çiklamini dhe supën e famshme të breshkave të detit, të kapur në brigjet që ndajnë deltën e Amazonës me oqeanin Indian. I keni këto në menunë tuaj?

Ajo: Mjafton të lexoni menutë përkatëse, për të parë me sytë tuaj në qoftë se i kemi apo jo.

Dietologu: Dhe në qoftë se i keni, do të mund të na i shërbeni?

Ajo: Ne jemi gjithmonë në shërbimin tuaj.

Kamerierja: Atëherë, urgjentisht të na bini ato që unë porosita.

Ajo: Por, pa e lexuar menunë tonë të famshme dhe pa bërë seleksionimin e duhur të shumëllojshmërisë, si mund t'ju gatuajmë dhe t'jua servirim?

Kamerierja: Insistoj të më bini dhe të më servirni iriqët dhe nëntapodin dhe, më falni që po jua them, po në qoftë se iriqi nuk ka ngjyrë çiklamin, do të më detyroni t'ia shkul një e nga një gjembat dhe t'jua ngul në sy, në vesh, në hundë dhe në të gjitha organet tuaja riprodhuese.

Ajo: Në këtë lokalin tonë më gjashtëdhjetë e katër yje, nuk shërbehet asgjë në qoftë se klientët si puna juaj nuk lexojnë menunë.

Ai: Menutë përkatëse i keni përpara. Plasini sytë!

Dietologu: Përpara se t'i plasim sytë tanë përkatës, mund të na informoni se në çfarë gjuhe është hartuar menuja juaj përkatëse?

Ajo: Në gjuhën tironse, korçare, tropojane, çame

dhe vllahçe.

Kamerierja: Po unë që jam nga Çamëria, mund të porosis nja di pemë bithe të cirikuqura, në cirikuqe?

Dietologu: Po unë që jam nga Tirona, a mund të m'mbish i tavë dheje me gabzherra? Ene për omëlsinë du i mshesë fyti me shumë sherbet.

Ajo: Dhe sa për ato iriqat me gjemba që porosite në fillim, më vjen keq të ta them, por iriqat na kanë mbaruar. Na kanë mbetur vetëm gjembat, që me kënaqësi do të mund t'jua servirja në një pjatë të shoqëruar me limon, kakërdhia breshke dhe caraca në hell, të marinuara me erëza tropikale. Mjafton të mos m'i ngulni tek cicat e mia delikate dhe frymëzuese.

Dietologu: Por ti, me ç'shoh unë, nuk ke cica fare.

Ajo: Plasi sytë! Nuk arrin të dallosh këto dy male të gjelbëruara, që unë kam në gjoksin tim?

(Dietologu çohet, i afrohet, e vëren i përqendruar te gjoksi dhe pastaj te vithet. Ia prek vithet me dorë dhe i merr erë.)

Dietologu: Më falni për konstatimin, por konstatova vetëm dy male të gjelbëruara me lesh të zi dhe dy fusha shterpë, me dy kratere vullkani, që presin të shpërthejnë.

Ajo: Do të porosisni ndonjë gjë, apo t'ju sikterisim që këtej? Nuk e shikoni që lokali është plot me klientë, të cilët me padurim presin shërbimin tonë?

Dietologu: *(Ngrihet në këmbë dhe u drejton të dyve çiften që ka në dorë.)* Na sikteris po ta mbajti.

Kamerierja: *(Bën të njëjtën gjë.)* Na sikteris po ta mbajti.

Ai: Ato çifte, është e mira t'ia drejtoni njëri-tjetrit. Të merrni shenjë në zemrat përkatëse dhe të qëlloni me gjakftohtësi të dy njëherësh.

(Dietologu dhe Kamerierja binden instinktivisht.)

Kamerierja: Po në qoftë se nuk bindemi?

Ajo: Është e vetmja mënyrë për të shpëtuar njëri-tjetrin nga dashuria dhe urrejtja reciproke, duke na shpëtuar njëkohësisht edhe ne nga të pangrënët.

Dietologu: Ju siguroj që të dy do të vdisni për të ngrënë në qoftë se shpresoni të hani nga mishi ynë. Ne kurrë nuk do ta vrasim njëri-tjetrin.

Ajo: Nuk është e thënë të vriteni vetëm me çifte. Në tavolinë, siç e shikoni, keni thika të mprehta, që mund t'ju shërbejnë për aktin tuaj final.

Kamerierja: Po sikur unë të mos dua ta kem finalen nga këto thika të shpifura?

Dietologu: Të shpifura nuk janë, se ata që kanë qenë para nesh në këtë lokal i kanë përdorur me efikasitet.

Ajo: Në këtë rast, efikasiteti jeni ju, prandaj bëni mirë t'i përdorni!

Kamerierja: Këto thika efikase asnjëherë nuk kanë prerë ose vrarë ndokënd. Bile kaq efikase janë, saqë nuk presin fare asgjë dhe askërkund.

Ai: Po përse i keni vendosur në tavolinë atëherë?

Dietologu: Nuk i kemi vendosur ne. I gjetëm të vendosura nga të tjerë që kanë qenë këtu para nesh.

Ajo: E kush na paskësh qenë këtu përpara jush?

Kamerierja: Gjithmonë ka një përpara nesh. Ne të gjithë jemi kalimtarë.

Ai: Pra, edhe ne që jemi zot lokali do të kalojmë?

Dietologu: Sigurisht. Do të kaloni dhe më pas do të vijnë të tjerë njësoj si ju.

Ajo: Po kur do të jeni njësoj si ne, pse duhet të ikim ne?

Dietologu: Sepse jemi njësoj si ne, si ju dhe si ata që do të vijnë.

Ai: E kush na qenkërkan këta që do të vijnë?

Kamerierja: Ata që do të vijnë, sapo kanë ardhur. Plasini sytë!

(Në skenë hyn çifti biondo-brun. Biondja e veshur me fustan nusërie, ndërsa bruni i veshur me kostum dhëndërie.)

Dhëndri: Na falni që po ju shqetësojmë. Kam ardhur këtu bashkë me nusen time të dashur, sepse kam dëgjuar shumë fjalë të mira për lokalin tuaj.

Nusja: Aq të mira kemi dëgjuar për lokalin tuaj, saqë vendosëm ta kalojmë muajin tonë të mjaltit në këtë lokal me gjashtëdhjetë e katër yje.

Dietologu: Ku e mësuat që unë sot mbush gjashtëdhjetë e katër vjeç?

Dhëndri: Gjashtëdhjetë e katër vjetori juaj, në një të ardhme do të shpallet festë kombëtare, sepse nami që ka marrë ky lokal i kalon kufijtë kombëtarë.

Ai: Më falni, që po ju ndërpres. Ju kanë keqinformuar. 64-vjeçari, për momentin është thjesht një klient. Pronari i këtij lokali jam unë dhe e dashura ime e dashur. Mua më nevojiten edhe shumë vite për t'u bërë gjashtëdhjetë e katër vjeç.

Ajo: Unë të dashurin tim të dashur e dashuroj dhe do të vazhdoj ta dashuroj pavarësisht moshës, për të mos thënë që sa më tepër kalojnë vitet, aq më tepër unë e dashuroj të dashurin tim.

Ai: Kjo na ka mbajtur të lidhur deri tani. Lidhja jonë është kaq e fuqishme, saqë është bërë nyje dhe këtë nyje nuk ka zot që ta zhbëjë.

Kamerierja: Ashtu shpresoja edhe unë, që unë edhe ky (*tregon Dietologun*) ishim nyje, por na vijnë këtu ca këlysha kurvash dhe na ç'bëjnë.

Dhëndri: Pavarësisht nyjeve dhe stërnyjeve tuaja, ne a mund të ulemi dhe të porosisim diçka për të ngrënë?

Nusja: Jam kaq e uritur, sa do të mund të haja të dashurin tim të dashur me gjithë lecka.

Dhëndri: Të dashurës sime të dashur i pëlqejnë shumë metaforat. Ku mund të ulemi dhe të porosisim?

(Ai dhe Ajo çohen nga tavolina dhe u bëjnë me shenjë karriget përkatëse. Dhëndri dhe Nusja ulen në karriget përkatëse, vendosin duart mbi tavolinë dhe hapin gojën.)

Ai: Pse po rrini me gojë hapur?

Dhëndri: Sepse presim për të ngrënë. Kjo është e vetmja mënyrë që unë të mos hahem me gjithë lecka.

Nusja: Leckat e tua, i dashuri im i dashur, do të mund t'i përdorja thjesht për të fshirë buzët nga yndyra jote e qelbur.

Dhëndri: Por unë nuk kam pikë yndyre në trupin tim. Jam i hollë, elegant dhe gjithë muskuj.

Nusja: Të kujtohet sa e kishe kolesterolin në gjak në analizat e fundit që bëre? Ishte një skandal i vërtetë.

Ajo: Ne, në këtë lokal, mund t'ju servirim ushqime të tilla, që yndyrat, dhjamosjet dhe obezitetet do të merrnin lemerinë.

Ai: Ju nuk keni pse lemeriseni. Mjafton thjesht të konsumoni ushqimet tona dietike.

Nusja: Po na i bini pra këto ushqime!

Ajo: Në fillim duhet të lexoni menunë.

Nusja: Nuk duam ta lexojmë fare menunë.

Ai: Atëherë do të mbeteni pa ngrënë.

Nusja: Nuk ka problem, i dashuri im i dashur. Ne do të mund të jetojmë edhe pa ngrënë, duke ngrënë dashurinë e njëri-tjetrit.

Dietologu: Kam përshtypjen se do të ngordhni urie duke ngrënë vetëm dashuri. Edhe unë me këtë *(tregon nga Kamerierja)*, mbasi ia hëngrëm të tëra dashuritë njëri-tjetrit, na lindi nevoja për të ngrënë diçka. Diçka që ta fusnim në stomak, se nga stomaku krijohet premisa e të jetuarit, që më vonë të krijojë premisën për të qenë i dashuruar.

Ajo: Do porosisni ndonjë gjë, apo jo? Siç e shikoni, lokali është plot me njerëz që presin shërbim. Në qoftë se do të vazhdoj të merrem me budallallëqet tuaja, do të më ikin të tërë klientët.

Dietologu: Sikur nuk shoh ndonjë klient tjetër në këtë lokal.

Ai: Nuk sheh, sepse nuk do të shohësh.

Dietologu: Unë shoh fare mirë dhe në bazë të shikimit tim më rezulton që këtu nuk ka asnjë klient tjetër.

Ajo: Atëherë unë do t'ju rekomandoja të shkonit për një vizitë mjekësore tek okulistika "Shih atë që do".

Ai: Është e vetmja klinikë që bën të mundur që sytë tuaj të shohin atë që duan të shohin. Në rastin konkret, në menunë që keni në tavolinë, ju mund të shikoni atë që doni të shikoni, pavarësisht se ne si lokal me gjashtëdhjetë e katër yje ju ofrojmë të tëra asortimentet e menusë.

Nusja: Do na sillni ndonjë gjë për të ngrënë, apo jo?

Dhëndri: Do na sillni ndonjë gjë për të ngrënë, apo jo? Sepse jam gati të ha komplet nusen time, me gjithë fustanin e nusërisë.

Ai: Më falni, që po ju pyes. Që ta nisim bisedën nga fillimi, a mund t'ju pyes si fillim, se kush jua rekomandoi këtë resort fantastik dhe me çfarë mjeti mundët të arrini deri këtu?

Nusja: Resorti juaj ka kohë që është bërë i famshëm nëpërmjet rrjeteve sociale. Këto rrjete sociale që kanë pushtuar botën, nuk mund të mos pushtoheshin dhe nga një resort i tillë.

Dhëndri: Kemi marrë, si çift i sapomartuar, me qindra *sms* në faqen tonë të *fb*-së, *instagramit* dhe *twiterit*, madje edhe në postën tonë elektronike, që na këshillonin të vinin pikërisht te resorti juaj, në adresën *www.resort.eravjenkëtu*.

Ai: Me çfarë mjeti udhëtuat për të ardhur deri këtu?

Nusja: Na solli era.

Ajo: Cila erë?

Dhëndri: Ajo erë që na solli deri këtu. Befas era ndaloi dhe ne zbritëm këtu.

Dietologu: Kur kemi qenë ne pronarë të këtij resorti, nuk kemi ndërtuar asnjë pistë avionësh.

Dhëndri: Këtu erdhëm me balonë. Udhëtuam në atë balonë të krijuar nga një i njohuri i jonë, që quhej Zhyl Vern. Pasi u ngjitëm lart e lart, hodhëm spirancën në bregun e një liqeni, mirëpo qëlloi që spiranca e balonës sonë u kap tek dhëmbi i fildishtë i një elefanti, i cili, duke mos pranuar spirancën tonë, ia dha vrapit në një drejtim të paditur. Pasi vrapoi e vrapoi, elefanti u lodh, u gjunjëzua, ra barkas dhe ne mundëm të zbresim nga koshi i balonës. Balona është akoma aty. Në qoftë se nuk besoni, mund të verifikoni edhe elefantin, i cili vazhdon të flejë gjumë nga lodhja e madhe.

Nusja: I dashuri im i dashur! Do të mund të porosisim ndonjë gjë për të ngrënë, apo jo?

Dhëndri: Sigurisht, e dashura ime e dashur. Mjafton që të zotërit e lokalit të na japin menunë.

Ai: Përveç menusë sonë të larmishme, a preferoni t'ju gatuajmë asortimente me mish elefanti? Elefantin, sipas jush, e kemi diku këtu afër. Me mjetet tona të sofistikuara kulinaro-kuzhinore, ne mund t'ju servirim bole elefanti, në qoftë se ai është mashkull dhe paçe me mish koke elefanti. Feçkën mund t'jua servirim me erëzat përkatëse, që ju të mund të shijoni jo vetëm feçkën, por edhe vrimën që përmban feçka. Në qoftë se do të keni fatin që t'ju bjerë vetëm vrima, nuk është faji i lokalit.

Dhëndri: Nuk preferojmë të hamë mish elefanti dhe aq më tepër vrimën e tij.

Nusja: Mbase do ishte interesante, i dashur, të provonim bolet e tij.

Ai: Në qoftë se i ka.

Nusja: Po merremi kaq shumë kohë me llafe, saqë mua po më vjen gjumë. Tani dua të fle dhe dua të bëj një porosi tek resorti juaj për nesër në mëngjes.

Dhëndri: Si do të flesh, e dashur? Pa ngrënë asnjë gjë?

Nusja: Do të të ha ty, o biondi im i dashur.

Dhëndri: O biondja ime e dashur! Ti je bionde. Unë jam brun.

Nusja: Shumë e çuditshme! Po mirë, nuk ke qenë asnjëherë biond?

Dhëndri: Asnjëherë. Unë kam lindur brun.

Nusja: Po pse unë të kam menduar gjithmonë biond dhe jam sjellë me ty sikur të ishe biond?

Dhëndri: Ngaqë, siç duket, ke pasur dobësi për biondët.

Nusja: Kam njohur ndonjë biond unë, përpara se të të njihja ty?

Dhëndri: Ke njohur skuadrën e futbollit të qytetit, të cilët ishin të tërë bionde.

Nusja: E tmerrshme! Atëherë, pse u lidha me ty kur ti nuk ishe biond?

Dhëndri: Unë vërtetë nuk isha biond, por isha tifoz i flaktë i skuadrës së futbollit të qytetit, që ishte e tëra bionde.

Nusja: Në fund të fundit, ç'rëndësi ka? Të gjithë meshkujt, si biondë, si brunë, janë të tërë njëlloj.

Dhëndri: Siç ju thamë, ne jemi të sapomartuar. Kemi ardhur këtu për të kaluar muajin e mjaltit. Do të preferonim që të na binit për të ngrënë oktapod me nëntë këmbë me mjaltë, iriqa deti me ngjyrë çiklamini me mjaltë dhe supën e famshme të breshkave të detit me mjaltë, të kapur në brigjet që ndajnë deltën e Amazonës me oqeanin Indian. I keni këto në menunë tuaj?

Dietologu: I kemi pasur kur kemi qenë ne pronarë.

Ai: Kurrë nuk keni qenë pronarë ju. Keni qenë uzurpatorë.

Ajo: Tani që haka shkoi tek i zoti, i zoti, që jemi ne, do të bëhet zot në zotërimin e vet.

Dhëndri: Si të zotët dhe zot që jeni në këtë lokal, a mund të na shërbeni çfarëdolloj ushqimi, por me mjaltë?

Nusja: Sepse nuk mund të kuptohet një muaj mjalti pa pasur në menunë e përditshme mjaltin e ëmbël, aromatik dhe të ngjitshëm, sepse të qenit i ngjitshëm ka të bëjë me ngjitjen fizike, që ne si çift e kemi pasur dhe do të vazhdojmë ta kemi, sepse vetëm kështu mund të mbijetojë raca njerëzore. Sa më tepër të ngjitur dhe depërtues të jemi tek njëri-tjetri, aq më tepër do të mund të lindim fëmijë të shëndetshëm, të cilët, në bazë të ngjitjes së tyre, do të munden edhe ata të shumohen dhe të shumëfishohen.

Dhëndri: Pra, siç besoj që e kuptuat filozofinë tonë mbi të tashmen dhe të ardhmen, për hir të kësaj të tashmeje dhe asaj të ardhmeje, do të mund të na servirni çfarëdolloj gjëje të shoqëruar me mjaltë?

Ajo: Me kënaqësinë më të madhe. Por në qoftë se do të shqyrtonit me vëmendje menunë e resortit tonë, do të vinit re që në asnjë rast nuk do të lexonit fjalën "mjaltë".

Ai: Për arsyen e thjeshtë se këtu nuk ka pasur, nuk ka dhe nuk do të ketë asnjëherë asnjë pikë mjalti.

Kamerierja: Është e vërtetë. Fjalën "mjaltë" unë nuk e kam shqiptuar asnjëherë tek të gjithë klientët tanë të nderuar.

Dietologu: Kam përshtypjen që mjalti ne të dyve na bën alergji. Përveçse që është i ëmbël, është aq ngjitës, sa që ngjitja e tij më krijon ndjesinë e të qenit ngjitur pas diçkaje, me të cilën ti dëshiron të mos kesh asnjë kontakt e jo më të jesh i ngjitur me të.

Nusja: Po na çani bythën me këto filozofitë tuaja për ngjitjen dhe mos ngjitjen. Duke qenë se ne jemi në muaj mjalti... ju këshillojmë, për të mos thënë që ju urdhërojmë, që të niseni me vrap dhe të na sillni në tryezën tonë mjaltë, qoftë të ngjitshëm apo të pa ngjitshëm. Boll që të jetë mjaltë, se përndryshe muaji i jonë i mjaltit, pa mjaltë, do të kthehej në muaj muti.

Dhëndri: Meqë ra fjala, banjot ku i keni ju?

Ai: Banjot neve i kemi ekologjike dhe bio. Gjithsekush mund të përdori ambientin përreth për të kryer çdo nevojë fiziologjike dhe mund të pastrohet me çdo gjethe të mundshme që ka përqark.

Nusja: Me ç'shoh unë, këtu përqark ka vetëm pemë pa asnjë gjethe. As bar nuk ka, as lule nuk ka, pra mungon gjelbërimi.

Ajo: Sigurisht moj nuse e bukur. Pretendimi i gjelbërimit është pretendim absurd. Të gjithë ata që kanë qenë përpara nesh dhe do të vazhdojnë të jenë edhe pas nesh në këtë lokal, kanë bërë dhe do të vazhdojnë të bëjnë të njëjtën gjë. Shfarosjen e gjelbërimit. E vetmja pemë, që herë pas here mbin në këtë tokë djerrë, është një pemë bastarde, pa origjinë të mirëfilltë dhe që quhet HALORIKUS BISHTAJKUS RAPFERRIKUS. Kjo lloj specie e veçantë ka mundur të mbijetojë në këto vise edhe pse ne vazhdimisht i kemi prerë dhe drutë e saj i kemi përdorur për ngrohje dhe për furrën tonë të picave, pica tashmë me famë botërore, që e kanë pëlqyer princër dhe mbretër në mbarë botën, pavarësisht se kjo lloj pice, e quajtur PICA CICA BOLEMADHJA, nuk është preferuar nga asnjë klient vendas, sepse sipas tyre mban një erë të shpifur.

Dhëndri: Ju kanë mbetur edhe shumë dru nga kjo lloj peme?

Ajo: Kjo lloj peme ka kohë që është zhdukur nga sipërfaqja. Ne kemi kohë që presim mbirje të reja.

Nusja: Do të na sillni ndonjë gjë për të ngrënë, apo jo?

Ai: Në qoftë se ju pretendoni që çdo ushqim ta kombinoni me mjaltë, nuk do të keni mundësi të hani gjë.

Ajo: Mjaltë këtu nuk kemi, sepse nuk ka gjelbërim, nuk ka lule. Edhe ato pak lule që ishin, çoheshin në varreza.

Nusja: Duke ardhur këtu me balonën tonë, nuk pamë asnjë lloj varreze. Po pse nuk mbillni disa lule, në mënyrë që bletët të ushqehen me nektarin e tyre?

Dietologu: Në këtë territor, kurrë nuk ka pasur asnjë lloj varreze. Klientët e këtij resorti kanë mëngjesuar, drekuar dhe darkuar dhe pastaj janë larguar për të vdekur aty ku kanë preferuar. Nuk mundet që një resort si i yni të rrethohet nga kufoma dhe skelete, edhe pse AND-ja e tyre do të mund të përcaktonte origjinën e mallkuar.

Ai: Pavarësisht se këtej rrotull nuk ka asnjë varrezë, e cila vjen erë të shpifur nga kufomat dhe skeletet. Që thoni ju, bleta për t'u ushqyer me nektar e ka rrezen e fluturimit deri në pesë kilometra. Këtu ku jemi ne, jemi me qindra kilometra larg zonës së bleruar dhe të lulëzuar.

Nusja: Përveç mjaltit, që me ç'duket ju nuk e keni, mund të na servirni ndonjë gjë tjetër të ëmbël?

Ai: Ëmbëlsira hahet në fund. Në vaktin e fundit të

dietës suaj të fundit të qëndrimit në këtë resort.

Dhëndri: Pse nuk mund ta hamë këtë ëmbëlsirën tuaj të ëmbël që ditën e parë?

Ajo: Sepse ëmbëlsira hahet në fund. Po e hëngre në fillim, të pret oreksin.

Nusja: Unë dua pikërisht të më pritet oreksi, se i dashuri im i dashur ka disa kohë që më thotë: "Sikur ke filluar të vësh dhjamë. Mollaqet, sado që unë t'i kam shumë qejf, të janë dhjamosur shumë dhe kur t'i prek dhe t'i fërkoj me duart e mia delikate, më duket sikur ledhatoj vithet e një hipopotami". Në fakt më krahason jo me një hipopotam, por me një hipopotameshë. Hipopotameshat janë njëqind herë më elegante, më të fisshme dhe më bamirëse sesa partnerët e tyre hipopotamë.

Dhëndri: Herë pas here të kam thënë edhe elefanteshë.

Ajo: Do porosisni ndonjë gjë, apo jo? Po na shkatërroni biznesin, sepse të tërë klientët e panumërt të këtij lokali po presin me padurim që unë t'u shërbej.

Nusja: E ke fare kollaj. Elefantin e ke aty ku të thashë dhe fare bukur mund t'i shërbesh çdo tavoline që është e mbushur me klientë, një pjatë me vrimën e noçkës së elefantit. Mos harro që vrimën ta spërkasësh me lëng limoni.

Ai: Po ju *(I drejtohet Dietologut dhe Kamerieres.)*, që keni kaq kohë që po rrini si hunj në këmbë, do të porosisni ndonjë gjë, apo jo?

Dietologu: Në ish-lokalin tonë, preferojmë të na shërbehet nga ju, si uzurpatorë, çfarëdolloj gjëje që ju dispononi në ish-lokalin tonë, përveç mjaltit.

Nusja: Si njeri me përvojë të gjatë në raport me biznesin, ju këshilloj që pikë së pari të mbillni lule. Të mbani disa koshere bletësh, në mënyrë që të kini mundësi që menusë së këtij resorti t'i shtohet një gjë e ëmbël, bio dhe ngjitëse.

Ai: Me çfarë do të mund t'i ujisnim dhe plehëronim këto lule që thoni ju? Këtu nuk ka as ujë dhe as kafshë ose shpendë që të mund të bëjnë glasa ose bajga.

Kamerierja: Në mungesë të ujit, i kam pastruar pjatat e përdoruara duke i lëpirë me gjuhë.

Dietologu: Mbas çdo lëpirjeje të pjatave, unë i lëpija të dashurës sime të dashur gjuhën, duke bërë të mundur eliminimin e çdo mbetjeje bimore dhe shtazore. Në këtë rast, praktikonim njëkohësisht të ashtuquajturën puthje franceze, ku nuk hyjnë në përdorim buzët, por gjuhët përkatëse. Duke u puthur në këtë mënyrë gjuhësore, pa dashje, kuptuam që të dy dinim të flisnim frëngjisht.

Ajo: Do të porosisni ndonjë gjë, apo jo?

Ai: Në qoftë se nuk porosisni, mund të largoheni nga ky resort, që ju ofron akomodimin më komod, jo vetëm në rajonin tonë, por edhe më gjerë.

Ajo: *(I drejtohet çiftit të ri.)* Jemi të bindur që edhe e ardhmja juaj, duke ju gjykuar dhe vlerësuar nga performanca që sapo paraqitët, do të jetë e lumtur.

Dhëndri: Si mund të jetë e lumtur, ndërkohë që deri tani nuk na ofrohet asgjë për të ngrënë?

Ajo: Që të hani, duhet të jetoni. Dhe që të jetoni duke ngrënë, duhet të vrisni.

Ai: Resorti ynë ju ofron mjetet e duhura që të mund të vrisni dhe të jetoni me vrasjet tuaja.

Dhëndri: Jam gati të vras çfarëdolloj gjëje, vetëm që të kem mundësi të ha.

(Ai del me vrap nga skena duke u kthyer me dy çifte dhe dy gjerdanë fishekësh. Ua vendos çiftet në duar dhe gjerdanët në brez.)

Dietologu: Po ne, që armët jua dhamë juve, çfarë do të mund të vrasim për t'u ushqyer?

(Ajo del me vrap nga skena dhe kthehet me dy çiftet përkatëse dhe dy gjerdanë. Bën të njëjtën gjë si me çiftin tjetër. Të gjashtë kanë nga një çifte në dorë dhe një brez fishekësh.)

Dhëndri: Cila është zona më e mirë që ne mund të vrasim diçka për t'u ushqyer?

Nusja: Unë nuk kam qëlluar kurrë në jetë me një armë. Nuk mund të vras qoftë edhe një mizë. Në qoftë se më duhet të vras diçka, do të preferoja të vdisja nga uria.

Dhëndri: Mos u shqetëso, e dashura ime e dashur, të jap fjalën se do të jem unë ai që do të qëllojë një herë për veten dhe herën tjetër për ty.

Ai: Nisuni atëherë!

Ajo: Mezi po presim të na sillni vrasjet tuaja.

Dietologu: Edhe ne, si ish-pronarë të këtij resorti, duhet të bëjmë të njëjtën gjë?

Ai: Në qoftë se doni të jetoni.

Dietologu: Të jetë për mua, të parin të vras ty. Me kokën tënde do të gatuaj një paçe koke, me zorrët e tua do të bëj një kukurec pikant dhe me mëlçinë do të bëj një tavë dheu.

Ai: *(Drejton çiften drejt Dietologut.)* Provoje po ta mbajti!

Ajo: *(Drejton çiften drejt Dietologut.)* Provoje po ta mbajti!

Dhëndri: *(Drejton çiften tek të dyja çiftet.)* Provojeni po jua mbajti!

Nusja: *(Bën të njëjtën gjë.)* Provojeni po jua mbajti!

(Dietologu drejton çiften në ajër dhe qëllon, por shtrihet i vdekur përdhe. Kamerierja ngre çiften në ajër dhe qëllon. Ajo bie në tokë e vdekur. Ndodh e njëjta gjë me të gjitha personazhet, derisa të gjallë mbeten Ai dhe Dhëndri.)

Ai: Do qëllosh ti i pari, apo unë?

Dhëndri: Derisa të dy do të kemi të njëjtin fat, ç'rëndësi ka?

Ai: Rëndësia nuk ka të bëjë me rëndesën. E dimë që të dy që do vdesim dhe për të dy kjo nuk ka pikë rëndësie. E rëndësishmja qëndron te pse-ja. Kemi lindur për të vdekur dhe do të vdesim doemos.

Dhëndri: Pa qëlluar njëri-tjetrin, si mund të vdesim? Si vdiqën këta, duke mos qëlluar njëri-tjetrin?

Ai: Plumbat e gjithsekujt bënë rikoshet.

Dhëndri: Këtu nuk ka as mure, as çati. Ku bënë rikoshet këta plumba të mallkuar?

Ai: Të tërë plumbat shkuan lart. Dhe ne mendojmë që atje lart s'ka asgjë. Ai që beson tek lartësia që na është dhënë, e di fare mirë që sa më lart të ngjitesh, aq më tepër mundësi ke të takosh ATË. Mjerë ai që nuk arrin të ngjitet lart. Ai që na shikon dhe gjykon, është AI që i bën rikoshet plumbave tanë, armëve që ne si njerëz i kemi krijuar për të vrarë njëri-tjetrin. Dhe unë si njeri që jam, jam i detyruar të të qëlloj ty për arsye që as unë nuk i di. Ti, duke më qëlluar mua, përmbush misionin çnjerëzor të shfarosjes me dëshirë dhe vullnet të njëri-tjetrit. Pra, e drejta e mbijetesës lidhet domosdoshmërish me të drejtën dhe dëshirën për të vrarë njëri-tjetrin. A mundet që së bashku, në këtë moment solemn, të bëjmë një marrëveshje njerëzore? Të ngremë çiftet në ajër dhe të qëllojmë njëkohësisht? Jam i bindur që plumbat përkatës, duke bërë rikoshet tek AI që na krijoi, do të na vrasin të dyve. Siç jam i bindur që plumbi im nuk do të të vrasë ty. Do të më vrasë mua. Ashtu sikundër plumbi yt nuk do më vrasë mua, por do të të vrasë ty, sepse ne nuk e dimë që kur tërheqim këmbëzën e armës, plumbi shkon drejt, por gishti që tërhoqi këmbëzën kthehet nga vetja. Ai që do të na mundësojë vetëvrasjen tonë, është ai që na krijoi me dëshirën dhe vullnetin e mirë, që ne të jetonim në botën e krijuar po prej tij në harmoni me njëri-tjetrin dhe me të gjitha gjallesat e tjera. Gjallesa më e frikshme që ai krijoi, ishim ne. Ne që nuk kuptohemi me njëri-tjetrin, nuk biem dakord me njëri-tjetrin dhe luftojmë duke shpikur dhe krijuar armë vrastare. Këto armë, me të cilat ne qëllojmë njëri-tjetrin, e kanë origjinën te baruti. Dhe fatkeqësia jonë është që ne barutin e konsiderojmë si një nga shpikjet më të mëdha njerëzore. Baruti është shpikja më e tmerrshme njerëzore, që e kemi krijuar vetë ne, sepse gjithmonë kemi dashur të asgjësojmë njëri-tjetrin. Do të vijë një kohë kur AI do të mërzitet kaq shumë nga vet asgjësimi ynë, saqë do të na hedhë mbi këtë tokë barutin hyjnor, për të na zhdukur të tërëve si racë. Do të mbijetojnë vetëm disa molekula dhe vemje, që mbas qindra shekujsh do të mund të kthehen me vullnetin e ATIJ në krijesa që do të popullojnë këtë planet. Atëherë çdo gjallesë do të mund të jetonte. Atëherë çdo gjallesë do të ishte e lumtur që jetonte. Me keqardhje them që nuk do të mund ta arrijmë atë kohë. Sa më shpejt të ikim për t'u bashkuar me të, aq më mirë mund të jetojnë ata që do të vijnë. E ardhmja nuk është e jona. E ardhmja është e atyre që do të na pasojnë. Ata që do të vijnë dhe do të na zëvendësojnë do të jenë shumë më të mirë se ne, por ne nuk do të kemi fatin t'i shikojmë dhe t'i takojmë. S'më mbetet gjë tjetër përveçse t'u uroj një jetë të mbarë në planetin tonë.

(Të dy ngrenë çiftet lart dhe qëllojnë. Shtrihen të dy të vdekur. Ndriçimi ulet gradualisht. Në thellësi të skenës ndriçohet me një pistoletë një vazo lulesh, e mbushur me lule shumëngjyrëshe. Dalëngadalë ikën ndriçimi edhe nga vazoja dhe mbetet e ndriçuar një degë peme e tharë pa gjethe dhe në ngjyrë të gjelbër. Ulet ndriçimi.)

Perdja

Fund.

Tiranë, shkurt 2021.

MISTO

Dramë

Personazhet

1 - Qytetaro-fshatar, me origjinë të largët jashtëtokësore

2 - Qytetaro-fshatar, me origjinë të largët jashtëtokësore

3 - Qytetaro-fshatar, me origjinë të largët jashtëtokësore

(Në skenë është i pari. Është tepër i shqetësuar. Vjen vërdallë duke pritur apo kërkuar diçka. Bëhet gati të thërrasë, por pendohet. Hyn i dyti. Ka të njëjtat shenja. Vjen vërdallë duke pritur apo kërkuar diçka. Kur janë në skaje të ndryshme të skenës, i drejtohet njëshit.)

2 - A ka mundësi...?

1 - Nuk ka mundësi.

2 - Të të kërkoj një mundësi tjetër?

1 - Mos më ndërprit kërkimin, po të them!

(Vazhdojnë të kërkojnë nëpër skenë.)

2 - Më falni...

1 - Nuk të fal!

2 - Ju, po prisni a po kërkoni?

1 - Pse, sipas teje ka ndonjë ndryshim?

2 - Absolutisht asnjë ndryshim.

1 - E shikon që nuk jemi në një mëndje?

2 - Sigurisht. Unë kam mendjen time, ti ke tënden.

1 - Do më lesh të qetë?

2 - Po kur nuk jam vetë i qetë, si të të lë ty të qetë?

(Heshtje.)

2 - Unë kënaqem shumë kur kërkoj. E di që nuk e gjej dhe kjo më qetëson.

1 - Po sikur ta dish që e gjen?

2 - S'ka se si! Asnjëherë nuk e kam gjetur.

1 - Po ç'mutin kërkon atëherë?

2 - Atë që kërkon dhe ti.

(Nga fundi i skenës shfaqet një femër. Me hap të qetë drejtohet nga qendra. Ndalon dhe shikon 1-shin dhe 2-shin me vëmendje. Ata e shohin të shtangur.)

3 - Më falni, po kërkoni gjësend?

2 - *(I drejtohet 1-shit.)* Prandaj të thashë të mos kërkosh kot, se nuk ka për të ardhur.

1 - Por kjo erdhi!

2 - Të duket ty.

1 - Unë e kam para syve, ti më thua "Të duket ty".

2 - Këtë po kërkoje?

1 - Jo.

2 - E shikon pra, që nuk ka ardhur?!

3 - Dhe as që ka për të ardhur, prandaj qetësohuni dhe evitoni stresin!

1 - E... pse nuk vjen?

3 - E... po erdhi, kë të gjejë këtu?

2 - Ata që e presin.

3 - Kush ju tha të prisni?

1 - Ti na the. *(Imiton.)* "Prisni, se do të vijë! Edhe po s'erdhi, ju kërkojeni!".

2 - Unë i thashë që po pret dhe po kërkon kot.

3 - Evitoni stresin! Evitoni stresin!

2 - Ore, unë e evitoj, por duhet ta kem përballë dhe pastaj ta evitoj.

1 - Prandaj të thotë shoqja: kërkoje stresin, dili përballë dhe pastaj evitoje.

(Heshtje.)

1 - Sa mirë është të presësh!

3 - Sigurisht. Aq më tepër kur je i bindur që pret kot.

2 - Kjo, pastaj, të qetëson fare-fare.

    (Heshtje.)

1 - Gjyshi më thoshte gjithmonë: "Të kërkosh është më mirë se të presësh".

3 - Çfarë profesioni kishte gjyshi?

1 - Ishte kovaç dhe kërkonte minerale.

2 - Kushedi se sa minerale do ketë zbuluar duke qenë kovaç!

1 - Asnjë. Asnjë mineral nuk gjeti asnjëherë. Edhe njëherë që gjeti dy gurë të zinj, më tha se i donte për gurë varri.

2 - Në varr ia vutë ato gurë, besoj.

1 - Si t'ia vëmë?! Më duket se nuk ka vdekur akoma.

3 - Kur të vdesë, me siguri do të na ftosh në dasmë!

1 - Për çfarë dasme flet?! Gjyshi kurrë nuk ka dashur të martohet.

    -Errësim-

    - LOKALI -

(Një tavolinë me dy karrige. 1-shi është i ulur. Hyn 2-shi.)

1 - Erdhe?

2 - Jo.

1 - Pse?

2 - Se kam ardhur vetëm.

1 - Mos u ul tek unë, atëherë!

2 – S'ka vend tjetër.

1 - Prandaj të them të rrish në këmbë

2 - Kuajt rrinë tërë jetën në këmbë.

1 - Mirë. Hajde ulu!

2 - I ulur jam.

1 - Sikur s'je ulur mirë.

2 - Ulje është shkurtimi i fjalës "përulje".

1 - Rri në këmbë, atëherë.

2 - Vetëm kuajt rrinë tërë jetën në këmbë.

1 - Ulu po të them dhe mjaft se na lodhe!

2 -Një njeri që rri ditë e natë ulur u lodhka, ndërsa unë që rri vazhdimisht në këmbë s'qenkam i lodhur?

1. Po, ulu pra!

2 - Kuajt...

1 - Po, ulu pra, ulu!

2 - Kuajt, edhe kur flenë, flenë në këmbë.

1 - Por kur ngordhin ama, shtrihen.

2 - Ashtu si u shtri Misto i gjorë. Ishte në këmbë, u shtri dhe vdiq.

1 - Cili Misto?

2 - Pse, sa Misto njeh ti?

1 - Unë nuk njoh, por kam dëgjuar për Misto Mistuqin.

2 - Kush është ky?

1 - Nuk është më, ka qenë.

2 - Po edhe Mistua që po të them unë ka qenë.

1 - Mbiemrin si e ka?

2 - Si e kishte....

1 - Dakord. Si e kishte?

2 - "Mistuqi" jo.

1 - Po, si?

2 - As ai nuk e dinte tamam.

1 - Do më dëgjosh një sekondë?

2 - Ç'të të dëgjoj?! Ti nuk njeh Miston.

1 - Atë që ka qenë, se tani s'është më.

2 - Ku e di ti?

1 - Vetë sapo ma the.

2 - Dhe ti më besove?!

1 - Jo.

2 - Atëherë?

1 - Flasim për tani, jo atëherë.

2 - Atëherë, vdiq Mistua.

1 - Nuk më plas fare për Miston.

2 - Se nuk e njeh.

1 - Tani s'kam si e njoh.

2 - Se nuk e njihje, por po ta kishe njohur....

1 - Më mirë që s'e kam njohur.

2 - Pse "më mirë"?!

1 - E ç'më duhet ta njihja?

2 - Atëherë s'ke dashur ta njohësh.

    (Heshtje.)

1 - Do më lësh ta pi këtë gotë raki rehat?

2 - Po ti s'ke asnjë pikë në gotë.

1 - Po ama, dikur kishte.

2 - Si Mistua i shkretë.

1 - Mos ma përmend më atë Miston tënd.

2 - Derisa s'ke asnjë pikë raki, e kuptoj që je nervoz.

1 - Nervoz më bën ti.

2 - Pse? Unë thjesht po rri në këmbë.

1 - Dhe po më çan bythën me Miston.

2 - Mistua nuk është më. Na la.

1 - Të ka lënë ty, se unë s'e njihja fare.

2 - Thua ti!

1 - Ka kamerier këtu?

2 - Sot e ka pushim.

1 - Po atëherë, pse e mbajnë lokalin hapur?

2 - Për çdo rast.

1 - Rasti tani jam unë. *(Bërtet.)* Ka kamarier këtu?

(Hyn një femër: 3-shi.)

3 - Pse bërtisni zotëri?

1 - Se rakia më ka mbaruar dhe kërkoj një kamarier.

3 - Kamarier nuk ka këtu, prandaj mos bërtisni!

2 - Të thashë që s'ka kamarier?

1 - Po rakinë e parë dhe kafen, kush ma solli?

2 - Atë e di ti.

1 - *(I mirësjellur.)* Zonjë!

3 - Zonjushë.

1 - Po ti kur më solle kafen dhe rakinë, më the se kishe dy djem?!

3 - Unë?!

2 - Si mund ta ketë thënë ajo?

1 - Mbylle ti!

2 - Me mbylljen time vetëm humbet, nuk fiton.

1 - Nuk dua të fitoj.

2 - Ama për të ditur, do.

1 - Nga ty, asnjë gjë.

2 - Po nga ajo?

1 - Do më lësh rehat? Po pata pyetje, ia bëj vetë zonjës.

3 - Kaq i pavëmendshëm ndaj meje?

2 - Të tha "Zonjushe".

1 - Nuk më kujtohet.

3 - Përderisa ti nuk kujton Miston e gjorë...!

2 - Për Miston i fola unë i pari.

1 - As që më plas fare për atë Miston tuaj.

3 - Më falni, zotëri! Ku e dini ju që ky Mistua qenka i joni?

1 - Nuk më kujtohet.

3 - Turp të kesh! Injorant, hipokrit dhe pijanec!
    (Del.)

    (Heshtje.)

2 - E ofendove rëndë.

1 - Kafen dhe rakinë kush ma solli mua?

2 - Kur nuk e di ti, si ta di unë që të gjeta me to në tavolinë?

1 - Ti gjithmonë vjen pasi unë e kam bërë porosinë.

2 - Sepse ti gjithmonë vjen para meje në këtë lokal.

1 - Çfarë mut lokali është ky, përderisa nuk ka një kamarier?!

2 - Kamarier kishte, por ti e ofendove.

1 - Unë e ofendova?!

2 - Po, ti. I the që nuk më plas fare për Miston.

1 - Po ja, edhe më plasi... e çfarë pastaj?

2 - Por ti ofendove kamarieren.

1 - Pse, kamariere ishte ajo?

2 - Çdo ditë ajo të ka shërbyer në këtë lokal.

1 - Pse lokal është ky, kur nuk ka as raki as kamarier?

2 - Në qoftë se nuk është lokal, ti çdo këtu?

1 - Po pres një shok.

2 - Mua.

1 - Me ty s'kam lidhje fare.

2 - Po me Miston e shkretë?

    (Heshtje.)

3 - *(Hyn.)* Më falni, zotërinj! Lokalin tani do ta mbyllim. Ju lutem... llogarinë. *(Lë në tavolinë një faturë. 2-shi largohet ngadalë nga tavolina.)*

1 - Llogaria e kujt është kjo?

3 - E kësaj tavoline.

2 - Unë as porosita, as piva gjë.

1 - Rakinë dhe kafen, kush ma piu mua, atëherë?

2 - "Atëherë", i ke pirë vetë. Tani duhet t'i paguash.

1 - Të paguaj për gjërat që ke pirë ti?!

3 - Ju lutem, zotërinj! Merruni vesh me njëri-tjetrin dhe paguani.

2 - Shumë mirë thotë zonjusha. Tani duhet të paguash.

1 - Por ajo tha pasi të merremi vesh me njëri-tjetrin.

2 - Po si të merrem vesh me ty, kur ti nuk ke vesh fare?

1 - Veshë mund të mos kem, por për të dëgjuar, dëgjoj për mrekulli.

2 - Pa pasur vesh?!

1 - Veshi nuk është mjet i domosdoshëm për të dëgjuar. Syri dëgjon më mirë se veshi.

3 - Ju lutem zotërinj, llogarinë!

1 - E ç'vlerë ka llogaria, kur nuk di të bësh llogari me

veten tënde?

3 - Nuk ta kam unë fajin për këtë.

1 - Jo, jo! Desha të them që pikërisht ti nuk di të bësh llogari me veten tënde.

2 - Të lutem, mos e ofendo! Boll halle ka mbi kurriz.

3 - Lëre, lëre! Lëre të shkarkohet... Mbase kthjellohet.

1 - Unë jam i kthjellët vetëm kur pi raki. Përderisa ti më thua "llogarinë" pa pirë asnjë gotë...!

3 - Deri tani ke pirë katër gota dhe dy kafe.

1 - Prandaj më vjen kjo llogari idiote mua?!

2 - Të lutem, mos u ofendo!

3 - Boll halle kam mbi kurriz.

2 - Edhe llogaria jote i duhej tani! Hajde, paguaj dhe lëri llafet, ka një mal me halle në kurriz tjetra!

1 - E kush na qenka kjo "tjetra"?

2 - Ja ku e ke, para syve. Mirë që je shurdh, por qenke edhe qorr.

3 - *(I drejtohet 1-shit.)* Më falni, zotëri! Ju qenkeni qorr-shurdhmemec?

1 - A nuk po më dëgjon që kam një orë duke folur? Si mund të jem memec?

3 - Kur nuk të dëgjoj se çfarë thua, domethënë që je memec.

2 - Njëqind herë ia kam thënë, por është shurdh dhe nuk dëgjon nga veshët.

1 - Po për të folur, flas, ama.

2 - Asnjëherë nuk të kam dëgjuar duke folur.

1 - Po tani çfarë po bëj? Nuk po flas?

(Heshtje.)

1 - *(Bërtet.)* Po tani, çfarë po bëj? Nuk po flas?

2 - Tani nuk po flet. Po bërtet.

3 - Zotëri, ju lutem! Mund ta ulni zërin në lokalin tim, se shqetësoni klientët?

1 - I vetmi klient këtu jam unë.

2 - Pse, unë si të dukem?

1 - Ti nuk më dukesh fare.

2 - Se je qorr, prandaj nuk të dukem.

1 - Ti edhe kur më dukesh, më dukesh një mut-muti...

3 - Zotëri! Mos harroni se po flisni në prezencë të një femre.

1 - Jo çdo femër meriton të jetë femër.

2 - *(I drejtohet 3-shit.)* Të pata thënë që është komplet i lojtur?

1 - Ty nuk të njoh fare. Është hera e parë që të shikoj.

2 - Të thashë që është i lojtur? Jemi rritur bashkë dhe tani thotë që nuk më njeh fare.

3 - *(Bërtet.)* Do më lini rehat?! Do më lini rehat?! Do më lini rehat?!

2 - Bjer një herë rehat me veten tënde.

1 - Dilni jashtë! Që të dy dilni jashtë!

3 - Në fillim paguaj faturën, pastaj me plot dëshirë do largohesha nga ti.

1 - Nuk kam si e paguaj këtë faturë. Nuk kam pirë asnjë gotë.

2 - Ajo ta tha. Ke pirë dy kafe dhe katër raki. Ja, e ke në faturë.

1 - Me këtë faturën tuaj, unë fshij bythën. *(E bën copa-copa faturën dhe e hedh përdhe.)*

    (Heshtje.)

2 - *(Fillon të mbledhë copat me kujdes.)* Vështirë

do ta kesh, kaq të vogla sa i ke bërë! *(I vendos me kujdes mbi tavolinë.)*

(Errësim.)

(Kur vjen ndriçimi, personazhet janë në të njëjtat pozicione.)

2 - Je më mirë tani?

3 - Je më mirë tani?

1 - Jo! Nuk jam hiç mirë!

2 - Që nuk je mirë, e dimë. Të pyeta, a je më mirë.

1 - Si të jem më mirë? S'kam pirë asnjë pikë raki.

(3-shi del jashtë e nervozuar.)

2 - E ofendove.

1 - Unë e ofendova?

2 - Ti, po kush? A i flitet ashtu një femre?!

1 - Ajo nuk është femër.

2 - E çfarë është sipas teje?

1 - Është kamariere. 2 - Po, pra. Femër kamariere.

1 - Jo çdo kamariere është femër.

(Hyn 3-shi me një gotë raki dhe e përplas në tavolinë.)

1 - Tani po që je femër.

(3-shi e nervozuar del përsëri.)

2 - E ofendove.

1 - Unë e ofendova?

2 - Ti, po kush, unë?! Ajo gjithë delikatesë të vendos gotën në tavolinë dhe ti i thua: "Tani po që je femër!".

1 - Kur u tregua vërtet femër, ia thashë.

2 - Se të solli rakinë, prandaj.

1 - Kush thotë që është raki?

2 - Po ja, provoje.

1 - Po ta mbajti, provoje ti. Pas dhjetë minutash do ta provoj edhe unë.

> *(2-shi e merr gotën e rakisë dhe e kthen me një frymë. Fshin buzët dhe e vendos gotën në tavolinë tërë kujdes.)*

1 - Po ti e pive të tërën!

2 - E piva që të vdes sa më shpejt e të shpëtoj nga ti.

1 - Po edhe po vdiqe ti, unë pa raki do të mbetem!

2 - Egoist i ndyrë! Unë po sakrifikoj jetën për ty!

1 - Nuk ta kërkoi njeri.

2 - Desha të shpëtoj mikun tim nga vdekja.

1 - Unë as që të njoh fare!

2 - Këto janë fjalët e tua të fundit para vdekjes sime?

1 - Nuk vdes ti, jo! Njëqind herë ke thënë që do vdesësh dhe asnjëherë s'ke vdekur.

2 - S'kam vdekur që të mos të të lija ty vetëm!

1 - Shiko veten tënde që po vdes dhe më lër rehat!

2 - Kaq shumë dashke që unë të vdes?!

1 - Edhe gotën time e pive se të pihej raki, jo se doje të më shpëtoje mua.

2 - Edhe këtë ma the?!

1 - Ehu! Sa më ke thënë ti mua!...

2 - Për të mirën tënde t'i kam thënë.

1 - Të mirën time e di vetë unë.

2 - Edhe vetë Misto do ishte turpëruar me ty.

1 - Misto ka vdekur, s'është më.

2 - Kush të tha që ka vdekur?

1 - Vetë ti ma the, me gojën tënde.

2 - Përpara apo pasi piva rakinë?

1 - Mos ma kujto rakinë se më vjen për të qarë.

2 - Ruaji lotët për varrimin tim e mos i harxho kot për një pikë raki.

1 - Nuk ishte një pikë ajo. Ishte një teke e katër gramë.

2 - Aq më mirë atëherë, se do vdes më shpejt.

1 - A ka mundësi ta lësh atë "atëherë" dhe të vdesësh tani?

2 - Tani nuk më vjen për të vdekur.

1 - Po përpiqu njëherë, mundohu, fillo rënko se mbase të vjen.

2 - Kush të më vijë?

1 - Sytë që të pëlcasin! Të të vijë vdekja pra!

2 - Ah, po. Tani u kujtova. Po si të vdes kur jam mirë e bukur?

1 - Hajde-hajde, se vdes ti, vdes. Ja provoje njëherë.

(2-shi përpiqet të vdesë, ndërkohë që 1-shi e sheh tërë ankth, por nuk ia arrin.)

2 - *(I dorëzuar.)* Më fal, miku im! Nuk munda të vdes.

1 - Kaq i paaftë je?! Ja, pse nuk merr shembull nga Misto i gjorë. Iu tek për të vdekur dhe vdiq.

2 - Kush tha që Mistua ka vdekur?

1 - Ti vetë ma the.

2 - Dhe ti e besove?

1 - Sigurisht që jo.

2 - Po... pse?

1 - Sepse ishe i pavërtetë. Më the që vdiq Misto, sikur të kishte vdekur një hardhucë.

2 - Hardhucat nuk vdesin, ngordhin.

(Heshtje.)

1 - Pra, sipas teje, Misto paska ngordhur?

2 - E, ç'ndryshim ka?

1 - Midis ngordhjes edhe vdekjes ka një ndryshim të madh. Ata që vdesin, kanë qenë njerëz ose bletë. Të tjerët, më mirë mos t'i përmendim.

2 - Po si mos t'i përmendim kur unë piva teken tënde dhe tani po pret të vdes?

1 - Ishte një teke e katër gramë.

2 - Ai katër gramëshi do të më marrë në qafë.

1 - Si "do të më marrë në qafë"? Po a the ti që po e bëje që të vdisje dhe të shpëtoje nga unë?

2 - Dhe ti e besove?

1 - E besova se më pëlqeu ta besoja.

2 - Në fakt, unë e piva se më pihej raki.

1 - Je i sigurt që ishte raki?

2 - Shumë i sigurt jam.

1 - Nuk mund të jesh i sigurt. Ti nuk e provove. E ktheve me një frymë.

2 - E ktheva se më pihej.

1 - Çfarë arome kishte?

2 - Nuk më kujtohet.

1 - Mos vinte si aromë lakre dhe pakëz e thartë?

2 - Ja, të mendohem një herë.

1 - Por mendohu mirë.

(2-shi fillon të mendohet. Kjo gjë e lodh shumë. 1-shi e inkurajon me pasthirrma dhe gjeste. Në fund, 2-shi dorëzohet.)

2 - Më vjen keq, por nuk mundem.

1 - Provoje prapë.

2 - Ti do që të më vdesësh mua?

1 - Ti do vdesësh jo nga unë, por nga helmi që kishe në gotë.

    (E merr gotën bosh dhe i merr erë.)

Ja tamam, vjen si aromë lakre e thartuar.

2 – Domethënë, tani do të vdes?!

1 - *(Bën gjestin e të parit të orës së dorës, ndërkohe që s'ka orë.)* Të kanë mbetur edhe tri minuta dhe tridhjetë e tri sekonda.

2 - *(E merr gotën dhe i merr erë.)* Mua më vjen si era kanellë.

1 - Aq më keq akoma. I kanë hedhur erëza që ti të mos e kuptoje.

2 - Të mos e kuptoje ti, se gota ishte jotja. Erdhi për ty.

1 - Pikërisht! Prandaj të thashë të mos e pije.

2 - Ti më the të mos e pija?

1 - Nuk të kujtohet?

2 - Jo.

1 - S'ke faj. Ka filluar të bëjë efekt helmi.

    (2-shit fillojnë t'i merren këmbët. Vjen vërdallë duke rënkuar, duke zënë fytin me duar dhe duke i rënë kokës me grushte. Afrohet tek tavolina, tregon me dorën që i dridhet gotën bosh dhe përplaset përtokë.)

1 - Mos! Mos se do vritesh! *(Heshtje.)* Hajde, boll tani! Çohu! *(Heshtje.)* Dëgjon ti, apo s'dëgjon? *(Heshtje.)* Mos bëj shaka me mua, se nuk të flas sa të jesh gjallë! *(Heshtje.)* Nuk ishte helm, ia futa kot. T'i thashë tërë ato gjëra vetëm nga inati se më pive rakinë. *(Heshtje.)* Ti nuk e ke me gjithë mend, apo

jo? *(Heshtje.)* Mos bëj shakara të tilla me mua, se do të ngrihem e do të jap një dru, që ta mbash mënd. Si ai druri që të dhashë kur më more borxh këmishën e bardhë najloni, se doje t'i propozoje asaj kurvës dhe ma solle me katër njolla. Por kësaj radhe do të të rrah më keq. *(Fillon përlotet.)* Do të të rrah po të them, sa të të bëj të vdekur. Bythmut. *(Heshtje.)* Mos më bëj sikur ke vdekur, se e di ç'të punoj, apo jo? Të bëj atë... *(Vazhdon të përlotet.)* që asnjeri, asnjëherë, ndoshta ndonjëherë... por çfarë rëndësie ka, megjithatë. E prapë se prapë, ndoshta nuk është. Por edhe po të jetë... ç'ke ti?! Ke vëllanë këtu. Dhe jo vëlla si dosido, por ti e di vetë. Sa herë ta kam thënë. Megjithatë vlerat janë gjëra të tjera dhe gjërat e tjera janë vlera. As mos e diskuto! Por, edhe në qoftë se ti e diskuton, diskutoje sa të duash. Unë nuk të them gjë. Unë, në fakt, të kam thënë gjëra, por gjëra, domethënë të bukura, se bukuria, si të ta them unë, nuk ke pse shkon kot, pa të thënë një fjalë, pa të bukurosur edhe ty, që më rri aty shtrirë si një derr, ndërsa unë dërdëllis këtu dhe s'më kthen një përgjigje. Prandaj po të them... Le që kujt i them dhe unë! Ia them një plehu, një muti, një kufome. *(Heshtje. Fillon qan.)* Të pata thënë të mos vdesësh para meje? Hë, në je burrë, përgjigju! Të pata thënë, apo jo? Pse s'më dëgjove, mor kriminel, mor xhelat, mor shurdh. A më dëgjon që po të flas? Po ti, nuk do të dëgjosh, jo se nuk dëgjon. Mirë. Mos dëgjo po deshe, por për të folur do flasësh ama. Do flasësh se ta kërkojë unë, miku, shoku, vëllai yt. *(Ulërin.)* Po fol po të them, more mut muti e mos më bëj pordh mua... sepse prandaj... megjithatë, kurdo që të vijë... nuk ka arsye... por edhe po pati... prandaj po të them edhe unë që varja... as mos e çaj bythën fare... Se kokat, prapëseprapë... më kupton, apo jo?

(Pushon së qari dhe së bërtituri. Mbledh veten dhe thërret.) Kamariere! *(Heshtje.)* Kamariere! *(Heshtje.)* A do të vijë ndonjë kamarier këtu, apo të

ngrihem dhe të thyej të gjithë lokalin?!

    - *Errësim* -

(Vjen ndriçimi. 2-shi është i ulur në karrige, statik, me sy të hapur. 1-shi vjen vërdallë. Hyn 3-shi, i shikon të dy me vëmendje.)

3 - Cili është problemi?

1 - *(Tregon 2-shin e ngrirë në karrige.)* Nuk e shikon?

3 - *(Shikon 2-shin.)* Jo, nuk e shikoj.

1 - Si moj, nuk e shikon?! Po ti e pe.

3 - Unë shoh atë që dua të shoh, jo atë që thua ti.

1 - Mirë. Po të them unë... Nuk e shikon?

3 - Ja dhe e pashë. Po pastaj?

1 - Po shikoje mirë!

3 - *(Pa e parë fare.)* Ja, e pashë.

1 - Pa e parë?!

3 - Ore! Do të më thuash ku do të dalësh, apo të të flak jashtë nga lokali?

1 - Po shikoje moj po të them!

3 - *(Shikon me vëmendje 2-shin e ulur.)* Unë nuk shoh asgjë.

1 - O qorre, o shurdhe, o memece, o kriminele! Shikoje po të them! *(3-shi matet të flasë.)*

1 - Pusho! Nuk të thashë të flasësh, të thashë të shikosh, moj qorre, moj shurdhe, moj kriminele...

3 - Kriminel je ti, që vrave shokun tënd.

    (Heshtje.)

1 - Prapëseprapë... se... nuk është ndonjë gjë. Prandaj unë gjithmonë them... Apo jo? Gjërat janë fare të qarta. Po kur them fare, domethënë fare, fare.

(Heshtje.)

1 - Nuk e vrava unë shokun tim, moj kurvë. E vrau rakia jote.

3 - Atë ta solla ty.

1 - Dhe unë me kënaqësi ia dhurova shokut tim.

3 - Jo. Ti kishe frikë mos helmoheshe. Ia dhe këtij ta provonte dhe ai e ktheu me një frymë.

1 - Kujt, "këtij"?!

3 - *(Tregon 2-shin e ulur në karrige.)* Këtij. Nuk e shikon?

1 - Jo.

3 - Pa përpiqu njëherë!

1 - *(Përpiqet me tërë forcën të shohë.)* Po ja që nuk shikoj gjë.

3 - Epo atëherë qenke i verbër.

1 - Sytë i kam në ballë.

3 - E ç'i do? Ti nuk arrin të shohësh as shokun tënd të vrarë.

1 - Atë e vrave ti dhe kush e di se ku e ke varrosur.

3 - Në varr duhej të ishe ti, se ti ia dhe rakinë këtij.

1 - Jo, nuk ia dhashë. Ai vetë e mori dhe e piu me një frymë.

3 - E piu se ishte tharë për një gotë raki. Asnjëherë nuk e ke qerasur shokun tënd me një gotë.

1 - Unë s'e kam qerasur?! Sa për dijeni, ato dy kafet dhe teket e para, ai i ka pirë. Dhe unë nuk tregova.

3 - Por ama, tekja e fundit kishte katër gramë më tepër.

1 - Po pra, katër gramë helm, që e vdiqën.

3 - Kush tha që ka vdekur?

(Heshtje.)

1 - Po Misto ka vdekur?

(Heshtje.)

2 - *(Siç është i ulur me pamje dhe fizik të ngurtë.)* Është më mirë të jesh i vdekur, por kur ke shokë të gjallë.

- Errësim -

(Kur vjen ndriçimi, 1-shi dhe 2-shi janë të ulur në karriget e tyre. Në mes kanë tavolinën. Heshtje.)

2 - Pra, çdo gjë mori fund?

1 - S'ka sesi, përderisa nuk jemi të fundosur.

2 - Po mua se si më vjen. Sikur jam i fundosur.

1 - S'kemi arritur akoma në fund. Jemi në majë.

2 -*(I vjen për të vjellë.)* Kam frikë nga lartësitë.

1 - Tërë jetën i trembur mbete.

2 - Se u tremba, pa jetova.

1 - Jetë i thua kësaj?

2 - Përderisa jeton ti, pse të mos jetoj edhe unë?

1 - Se s'ke arsye.

2 - E kam një arsye.

1 - E... cila është?

2 - Që jemi bashkë dhe nuk merremi vesh.

1 - Mos ma përmend veshin, se nuk shoh mirë nga sytë.

2 - Të kam thënë të mbash syze.

1 - Sa herë që i blej, më thyen.

2 - I thyen vetë.

1 - Përderisa s'ka njeri të m'i thyejë?! Ç'të bëj?

2 - Të bësh atë që duhet.

1 - E kush e di se çfarë duhet?

2 - As për sytë e tu nuk e di?

1 - Kur nuk e di për veshët, si ta di për sytë?

2 - Shyqyr që ke dy.

1 - Veshë?

2 - Prapë me veshët! Sy, sy!

1 - E ç'ti dua kur nuk shoh?

2 - Po mua, më sheh?

1 - Po, të shoh.

2 - Po çfarë nuk shikon ti?

1 - Gjërat që s'i kam.

2 - Ato nuk i shoh as unë.

1 - E sheh pra, që edhe ti je qorr?

2 - Po, por ca gjëra i shoh tamam.

1 - Të duket sikur i sheh.

2 - Si "më duket"? Po unë i shoh.

1 - Ashtu mendoja edhe unë, derisa më erdhën sytë.

2 - Po ti the që nuk sheh.

1 - Jo gjithmonë. Nganjëherë edhe shoh.

2 - E kur sheh zakonisht?

1 - Kur të më teket.

2 - Po të më teket edhe mua, mund të shoh?

1 - Në qoftë se ti sheh, kjo s'ka lidhje me të parin.

2 - Ka me të dytën.

1 - Jo, jo, me të parin e gjërave. Të parit nuk ka të bëjë me shikimin.

2 - Por ka të bëjë me dëgjimin.

1 - As me dëgjimin nuk ka lidhje.

2 - Atëherë me nuhatjen.

1 - Mos ma kujto hundën, se jam alergjik.

2 - S'ma kishe thënë ndonjëherë.

1 - Kur të ta thosha? Ne sot u takuam për herë të parë.

2 - Mua më duket sikur jemi takuar edhe herë të tjera.

1 - Ku jemi takuar?

2 - Ja, këtu. Në këtë vend.

1 - E, ç'bisedë kemi bërë?

2 - Tamam-tamam, unë bisedat mbaj mënd. Ty s'të mbaj mënd fare.

1 - Atëherë do të kesh biseduar me ndonjë tjetër.

2 - A ke binjak ti?

1 - Kam, por është femër.

2 - Atëherë do kem folur me ndonjë femër dhe më është dukur sikur po flisja me ty.

1 - Pse, si femër të dukem unë?

2 - Jo. Por ajo, jam i bindur që të ngjante shumë.

1 - Këtu vetëm kamarierja është femër.

2 - Mbase do kem folur me të.

1 - Si, si? Ti je i bindur që ajo gojëndyra e paedukatë, ajo shëmti nga brenda dhe nga jashtë, ajo shtrembësira më ngjan mua?

2 - Unë dhe nuk para shoh mirë nga sytë.

1 - Të kam thënë njëqind herë: mbaj syze!

2 - Sa herë që i blej, më thyen.

1 - I thyen vetë.

2 - Përderisa s'ka njeri të m'i thyejë?! Ç'të bëj?

1 - Të bëhesh lëmsh! Po me atë, që sipas teje më ngjante mua, ç'biseda ke bërë?

2 - *(Mendohet.)* Më vjen turp ta them.

1 - Keni folur me fjalë të pista, të ndyra? Yyy... s'ke turp!

2 - Të betohem që nuk kam thënë asnjë fjalë turpi.

1 - Atëherë, paska folur ajo me fjalë të ndyra.

2 - Absolutisht, jo. Madje ajo fliste më me edukatë sesa ti.

1 - Po kur të dy na paskeni folur gjithë edukatë, pse të vjen turp ty?

2 - Po ti s'e di se ç'kishim ndër mend kur flisnim, si unë, si ajo.

1 - E, ç'kishit ndër mend kur flisnit?

2 - *(Mendohet.)* Prandaj, pra, më vjen turp ta them.

1 - Po ajo, ç'kishte në mënd?

2 - *(Mendohet.)* Kishte ca gjëra... por ca gjëra ama... që edhe tani kur i kujtoj, më vjen turp dhe skuqem.

1 - Mirë, mirë. Në fillim, si e nise bisedën?

2 - E ç'rëndësi ka kjo?

1 - Ka rëndësi, si s'ka? Fillimi i mbarë, gjysma e punës.

2 - Atëherë...

1 - *(I paduruar.)* Hë?

2 - Po ti prit të mendohem një herë.

1 - Mendohu dy herë, vetëm bisedën të ma thuash tamam.

2 - *(Pasi mendohet.)* Po. Unë isha ulur aty ku je ulur ti tani. Çohu që aty se do ulem unë. Ti do të bësh

kamarieren.

1 - Po unë s'di ç'ka bërë ajo.

2 - Ta tregoj unë. Ajo m'u afrua tërë elegancë, por me shumë tundje vithesh dhe shumë tundje gjoksi.

(Ndërkohë 1-shi imiton kamerieren në ecje dhe gjeste.)

2 - Vithet, të them të drejtën, nuk i tundte kaq shumë.

1 - Po i tund unë për të të frymëzuar.

2 - Me frymëzimin jam dakord, por mos të kalojmë në eksitim.

(1-shi korrigjon lëvizjet duke marrë aprovimin e 2-shit.)

2 - Po, tani jam i eksituar tamam. Edhe i drejtohem: "Më falni zonjë...", kur ajo m'u përvesh: "Plasi sytë! Nuk e shikon që nuk kam unazë martese?!". Por unë nuk e humba toruan; u orientova menjëherë dhe iu drejtova: "Më falni, zonjushe e bukur...!". Ajo këtu u shkri nga kënaqësia. Atëherë unë mora zemër dhe vazhdova: "Çfarë profesioni keni?", kur ajo përplasi plot edukatë tabakanë në tavolinë dhe ulëriti: "Idiot, psikopat, matuf. Unë të vij me tabaka në dorë dhe ti më thua ç'punë bëj?". Por unë prapë nuk e humba toruan dhe u orientova menjëherë: "Ju pyeta për profesionin, jo për punën që bëni". Ajo mbeti e shastisur. Filloi të mendohej dhe në fund m'u kthye: "Do marrësh gjë ti, apo të iki unë?". "Ik", i thashë, "por do pendohesh, se të dy një profesion kemi".

(Gjatë gjithë kohës, 1-shi kryen jo vetëm lëvizjet e kameriers, por imiton dhe tekstin e saj, i instruktuar dhe herë pas here i korrigjuar nga 2-shi.)

1 - Pse, çfarë profesioni kemi ne?

2 - Jo, jo. Nuk më tha kështu.

1 - Po mua kështu më erdhi për ta thënë.

2 - Ndërsa asaj i erdhi ndryshe.

1 - E, ç'tha?

2 - Thuaji atij shokut tënd, tha, të mos të të ndërpresë kur ti flet.

1 - Më fal, por nuk më rrihet pa marrë vesh fundin.

2 - Pikërisht, fillimi ishte dhe fundi. Kur i thashë që të dy kishim një profesion, filloi të më lutej, të më përgjërohej me lot në sy: "Aman, të lutem, mos ia thuaj njeriu tjetër!" dhe, duke fshirë hundët, doli jashtë.

(1-shi vazhdon të imitojë, lutet, përgjërohet, fshin hundët dhe del.)

2 - Kamariere më të shpifur dhe më idiote nuk kam parë në jetën time!

(Heshtje. Hyn 3-shi me tabaka në dorë dhe u drejtohet.)

3 - Urdhëroni! Ç'dëshironi?

2 - Mos ke ndonjë vëlla binjak ti?

3 - *(Mendohet.)* E do të skuqur, të pjekur apo të zier?

(Del me nxitim nga skena dhe, në nxitim e sipër, gati sa nuk përplaset me 1-shin, i cili hyn me vrull në skenë. I drejtohet 2-shit.)

1 - Hë?!

2 - Hiç.

1 - Si "hiç"? Pse erdhi ajo? Çfarë të tha?

2 - Nuk më kujtohet.

1 - Po pa u kujtuar, si do të të kujtohet se çfarë të tha?

2 - Nuk më vjen për t'u kujtuar, se nuk më kujtohet.

1 - Njëqind herë të kam thënë, por ti s'dëgjon. Ha peshk. Peshku të forcon kujtesën.

2 - Pse, ti e përdor peshkun?

1 - Sigurisht. Çdo vit, muaj, javë dhe ditë.

2 - Ta kisha ditur, nuk kisha ndenjur kurrë me ty.

1 - Se je xheloz, prandaj.

2 - Jo. Se jam njeri, edhe pse ndokush më quan qorr, shurdh etj., etj... por memec nuk më thotë dot njeri.

1 - Sa mirë sikur të ishe edhe memec!

2 - Se s'të pëlqejnë këto gjëra që them unë.

1 - Ti vetëm budallallëqe thua.

2 - Se s'të pëlqejnë ato që them unë.

1 - Jo se s'më pëlqejnë, por nuk mund t'i dëgjoj ato që thua ti.

2 - Nuk i dëgjon, se s'të pëlqejnë.

1 - Nuk i dëgjoj se veshët e mi shurdhë dëgjojnë atë që duan.

2 - Si veshët e tu, si ti, nuk keni faj.

1 - Faji im i vetëm është që vazhdoj të rri me ty.

2 - Ndërsa mua, një njeri që ushqehet me kufoma, më ngjall krupën.

1 - Ku do të dalësh ti?

2 - Dua të hyj e jo të dal. Prej kohësh vrisja mendjen nga të vjen kjo erë kërme. Sot e gjeta. Ma the ti. Të vjen nga ushqimi. Ushqehesh me peshk.

1 - Për peshkun më merr të keqen ti. E ha të sapo nxjerrë nga varkat.

2 - Pasi ka ngordhur.

(Heshtje.)

1 - Por, kur peshku... *(I ikin fjalët dhe fillon të imitojë*

ngordhjen e peshkut, duke u përpëlitur përtokë.)

2 - Avash, avash! Unë akoma s'të kam kapur. S'të kam nxjerrë akoma në breg.

> *(1-shi çohet dhe të dy bëhen gati për improvizimin. 2-shi bëhet peshkatar dhe 1-shi peshk. Peshkatari fillon të gjuajë me grep. Pas disa tentativave e kap peshkun dhe e nxjerr në breg. Peshku fillon të përpëlitet derisa ngordh. Peshkatari i afrohet dhe i merr erë. Zë hundët.)*

2 - Qelbësh erë!

1 - Unë sapo dola në breg, si u qelbkam erë?

2 - Qelbesh po të them. S'të afrohesh dot.

1 - Mbase qelbem, se kam një javë pa u larë, se s'ka ujë të ngrohtë.

> *(Ndërkohë që flet, i është afruar dyshit. I merr erë.)*

Ti mban era kërmë për vete dhe më thua mua!

2 - Peshkatari le të mbajë erë, s'ka problem. Puna është të mos mbaj erë peshku.

1 – Mor po lëre peshkatarin ti. Ti mban erë të keqe!

2 - Po kur s'ka ujë të ngrohtë prej një jave, si të lahem unë?!

1 - Të lahesh me ujë të ftohtë.

2 - Të ftohtin e ruajmë për të pirë. Vjen vetëm një herë në shumë ditë.

1 - Prandaj vjen era kërmë edhe Misto.

2 - Cili Misto?

1 - Pse, sa Misto njeh ti?

2 - Asnjë.

1 - Po ç'më pyet kur nuk e njeh?

2 - Thashë, meqë e njeh ti.

1 - As unë nuk e njoh mirë. Ka vdekur.

2 - Je i sigurt?

1 - I sigurt nuk jam, por kështu thonë.

2 - E kush e thotë këtë?

1 - *(I pëshpërit në vesh.)* Kamarierja.

2 - Pse, kamariere është ajo?

1 - Pse, sipas teje, ç'është?

2 - Thjesht femër.

1 - Po pra, femër kamariere.

2 - Ta ka ndërruar ndonjëherë tavllën e cigareve?

1 - Po unë s'pi duhan dhe s'dua fare tavllë.

2 - Pikërisht. Prandaj ajo të ka marrë inat dhe të mbush me gënjeshtra.

1 - E pse do të më gënjente?

2 - Femrat gjithmonë gënjejnë.

1 - Kur kanë hall, ama.

2 - Ato gjithmonë e kanë një hall.

1 - Që të bindesh ti, ne e thërrasim dhe e pyesim.

2 - Në qoftë se vjen.

1 - Do të vijë se s'bën! Ka hallin e llogarisë pa paguar.

> *(Maten të dy që t'i flasin, ndërkohë që ajo vjen me ngut.)*

3 - Urdhëroni! Ç'dëshironi?

1 - Moj, se s'të kam pyetur ndonjëherë...

3 - Doni të më pyesni që a mund t'ju servir kafe, raki, makiato?

1 - Po. Mua do më biesh dy dopjo raki dhe dy kafe. Ky nuk do gjë.

3 - Nuk kemi as kafe, as raki dhe as makiato.

1 - Po çfarë keni juve?

3 - Vetëm peshk. Peshk të skuqur, të zgarës dhe tavë peshku.

2 - *(I vjen për të vjellë.)* Haje vetë, bashkë me atë, si e ka emrin?

3 - Kur s'e di ti si e ka emrin, nga ta di unë?

1 - Do ta pyesësh ti, apo ta pyes unë?

2 - Përderisa nuk ka kafe dhe raki, ti kot që e pyet.

1 - Po ka peshk ama. Të skuqur, të zgarës dhe peshk në tavë.

2 - *(I drejtohet 3-shit.)* I keni këto që thotë ky?

3 - Asnjëherë nuk kanë munguar në lokalin tonë.

2 - Çfarë lloj peshku tregtoni në lokalin tuaj?

3 - Të gjitha llojet, pa përjashtim.

1 - Atëherë do më bësh një tavë krapi me mish balene.

3 - Nga cili oqean preferoni të jetë kapur balena?

1 - Nga oqeani më i thellë dhe më i bukur.

3 - Si e doni të gatuar balenën?

1 - Më bëj nja dy balena të zgarës.

2 - A janë të freskëta balenat?

3 - Sigurisht.

2 - A mund t'i shoh?

3 - Ti nuk ke porositur. Ai po që mund ta shohë.

1 - Nuk dua t'i shoh fare. Vetëm dua të ha, bile kam një uri sa mund të ha nëntëdhjetë e shtatë balena njëherësh.

(Heshtje.)

3 - Kush e përmendi dyzet e katrën?

2 - Unë jo.

1 - As unë, jo.

3 - Po kush atëherë? Këtu vetëm ju të dy jeni.

2 - Thua ti, por në fakt jemi tre.

3 - Në fakt, këtu ka vetëm një njeri. Të tjerët janë kafshë.

2 - Më falni! Balenat hyjnë te kafshët apo te shpendët?

3 - Te shpendët.

2 - Glasat ku i bën?

3 - Këtu i bën, në lokalin tonë.

2 - A mund të porosis një supë me glasa balene?

1 - Mos ia vër re mikut tim. Nuk është mirë nga sytë dhe veshët. Aq më tepër që i mungon dhe nuhatja.

3 - Mua më duket se problemin kryesor ky e ka me trutë.

1 - Jo, jo. Ky ka tru, por s'ka mend.

3 - E ç'i duhet truri atëherë?

2 - A mund të flisni më qartë?

3 - Më duket se unë fola mjaft qartë.

2 - As balenat nuk flasin kaq qartë.

1 - Do na biesh nja dy balena të vogla, të pjekura në zgarë? Vetëm mundësisht të jenë të freskëta.

2 - Ky, zakonisht balenat i ha pas buke.

1 - Po të jenë të freskëta ama!

3 - Sa të freskëta i preferoni?

2 - Pak më të freskët se ti.

3 - Qelbanik ordiner, njeri pa nder, pedofil pa nder. M'u zhduk që këtu, se direkt do të lajmëroj policinë.

2 - E si do e thërrasësh? Ti s'ke telefon.

3 - Do e thërras aq fort, saqë policia kudo që të jetë

do të më dëgjojë.

2 - Pa provoje njëherë.

> *(3-shi vendoset në mes të skenës. 1-shi dhe 2-shi e shohin plot ankth. 3-shi hap gojën plot, përpiqet të ulërijë, por nuk nxjerr dot asnjë tingull. I bie vetes me grushte dhe bën përpjekje maksimale për të bërtitur. Në fund, e pafuqishme, shtrihet në dysheme dhe qan. 1-shi dhe 2-shi i afrohen ngadalë dhe ulen në gju, bri saj. Të dy fillojnë ta qetësojnë, duke e prekur dhe ledhatuar plot kujdes. 3-shi pushon së qari.)*

2 - Kurrë s'ma kishte marrë mendja që femrat bërtasin kaq fort.

1 - Edhe unë që jam shurdh, mbylla veshët me duar.

3 - Jam unë për të shërbyer tani, në këtë gjendje që më katandisët?

2 - Ama, po të kishe bërtitur, do ishe çliruar.

1 - Si ka mundësi që nuk bërtite fare-fare?

3 - Nuk kisha zë.

1 - E ç'lidhje ka zëri me të bërtiturën? Unë mund të mos kem zë, por mund të bërtas sa njëqind balena bashkë.

3 - Pa provoje njëherë.

2 - Mos e provo, se do pendohesh.

1 - Unë kurrë nuk jam penduar për asnjë gjë që kam bërë.

2 - Se nuk ke bërë asgjë, prandaj nuk je penduar.

1 - Unë kam bërë me mijëra gjëra në jetë.

2 - Më thuaj vetëm një.

1 - Problemi qëndron që... tani nuk më kujtohet asnjë.

2 - Prandaj të them. Si mund të bërtasësh kur s'ke

bërë asgjë në jetë?

3 - E di unë. Nuk ta mban ta provosh.

1 - Keni për ta parë.

2 - Problemi qëndron... a do dëgjojmë gjë, se për të parë po të shohim boll.

> *(1-shi i shikon të dy tërë inat dhe vendoset në mes të skenës. Vepron identik si 3-shi. Hap gojën fort, përpiqet të ulërijë, por nuk nxjerr dot asnjë tingull. I bie vetes me grushte dhe bën përpjekje maksimale për të bërtitur. Bie në gjunjë dhe kërkon ndihmë me gjeste nga partnerët. Ata bëjnë sikur s'kuptojnë. Në fund, zë gojën e shqyer me të dyja duart dhe qëndron si i ngrirë.)*

2 - Të thashë të mos e provosh, se do të pendohesh?

3 - Burrë që s'di as të bërtasë, vetëm ty po të shoh.

1 - *(Heq me qetësi duart nga goja.)* E morët vesh tani se si bërtitet? As vetë Misto nuk do të kishte bërtitur aq fort.

(Heshtje.)

2 - Kush është ky Misto?

1 - Pse, sa Misto njeh ti?

2 - Asnjë.

1 - Se ka vdekur, prandaj.

2 - Kush e tha?

1 - Ti vetë ma the që Misto ishte në këmbë, pastaj u shtri dhe vdiq.

3 - Ia ke thënë këtë gjë?

1 - Ma ka thënë me plot gojën.

3 - Pra, ia paske thënë.

2 - Aq sa të kam thënë ty, i kam thënë edhe atij.

3 - Mirë, atëherë. Meqë s'më ke thënë gjë, dua të më thuash një gjë.

1 - Mos e beso atë, se gënjen.

3 - Dua të më thuash, por me sinqeritet, vërtet ka vdekur Misto?

2 - Me sinqeritet po të them që unë Miston nuk e njoh fare. Nga ta di në ka vdekur apo jo?

1 - Prandaj bërtita qëparë. E dija që këtë do thoshe.

2 - Sa për të bërtitur, ti nuk nxore pikë zëri, prandaj mos gënje, se po më hipën mua, i fus një të bërtitur sa ngre dhe Miston nga varri.

1 - Pse, kur e varrosën?

2 - Kë?

1 - Sytë që të pëlcasin! Miston pra.

2 - A të thashë që nuk e njoh fare?

1 - Ja, prandaj bërtita qëparë unë. E morët vesh mor qorra, apo jo?

2 - Për të marrë e morëm, por për të dëgjuar, nuk dëgjuam gjë.

3 - Absolutisht që nuk nxore asnjë tingull.

1 - E ku merrni vesh nga e bërtitura ju? E bërtitura nuk ka lidhje fare me tingullin.

2 - Po me çfarë ka lidhje sipas teje?

1 - Me ca gjëra që të vijnë nga përbrenda.

2 - Dhe ty të erdhën ato gjëra?

1 - Më erdhën aq shumë, sa s'munda të nxjerr asnjë tingull. Por, për të bërtitur, jo që kam bërtitur, por kam ulëritur fare.

2 - Po, po, por ama vetëm ti e dëgjove. Ne të tjerët s'dëgjuam gjë fare.

1 - Se jeni shurdhë, prandaj.

2 - Nga veshët dëgjoj. Njëqind e shtatëdhjetë pikë tre për qind.

2 - Ti nuk bërtite me gojë, jo më të bërtasësh me sy.

1 - Një njeri që nuk bërtet dot as me gojë e as me sy, nuk ka se si t'i kuptojë këto gjëra.

3 - I kupton ai, i kupton. Ehuuu...!

2 - Po pra, si nuk i kuptokam.

1 - Ti, le që nuk kupton gjë fare, por as për të bërtitur nuk bërtet dot.

2 - Unë? Unë kam bërtitur me miliona herë në jetën time. Ekzaktësisht kam bërtitur shtatë milionë e katërqind e dymbëdhjetë herë.

1 - Në ç'periudhë?

2 - Në tremujorin e dytë kam bërtitur tre pikë gjashtë për qind më shumë se në tremujorin e parë, ndërsa në këtë tremujor që jemi, kam bërtitur sa të gjithë tremujorët e marrë së bashku, pra që i bie ekzaktësisht gjashtëqind e dymbëdhjetë për qind.

1 - Mos më trego përqindjet mua, por po qe burrë, dil aty dhe bërtit. Hajde, provoje po ta mbajti.

3 - Mos e provo, se do pendohesh.

> *(2-shi i shikon të tjerët tërë inat dhe vendoset në mes të skenës. Hap gojën fort dhe përpiqet të ulërijë. Të njëjtën gjë bëjnë dhe 1-shi me 3-shin. I afrohen dhe tentojnë të ulërijnë edhe ata. Bëjnë përpjekje maksimale për të bërtitur, por nuk dëgjohet asnjë tingull. Të tre bien në gjunjë dhe mbyllin gojët e shqyera. 2-shi i heq ngadalë duart.)*

2 - Kam përshtypjen se unë nuk kam bërtitur kurrë në jetë. Asnjëherë dhe për asgjë.

1 - Edhe unë atë përshtypje kam.

2 - Për vete, apo për mua?

1 - Për të dy.

3 - Këtë përshtypje kam edhe unë.

1 - Për vete, apo për ne të dy?

3 - Për ne të tre.

2 - Por për të dëgjuar bërtitje, kemi dëgjuar ama!

1, 2, 3 - *(Në sinkron.)* Ehuuu...!

- Stacioni -

(Përballë spektatorëve janë 1-shi dhe 2-shi. 2-shi qëndron statik, 1-shi vjen vërdallë.)

1 - Ç'pret? Boll ndenje! Mbathja tani!

2 - E pse t'ia mbath?

1 - Se po të bie gjaku në fund të këmbëve dhe je zverdhur në fytyrë.

2 - Gjaku duhet të shkojë njëherë poshtë, që pastaj të ngjitet lart.

1 - Bën mirë të ikësh, se ajo nuk ka për të ardhur.

2 - Kush ajo?

1 - Ajo që po pret.

2 - Nuk është ajo, është ai.

1 - *(I largohet.)* Po ti, sot ma the?

2 - S'më ke pyetur ndonjëherë.

1 - S'kam si të pyes për gjëra që nuk kam dyshuar kurrë.

2 - E shikon pra, që ke bërë gabim?

1 - Ke kohë me të?

2 - Një jetë të tërë.

1 - Jetën e kemi kaluar bashkë ne. S'e kuptoj nga na

doli ky i treti.

2 - Ai ka kohë që ka dalë. Unë çdo ditë e pres në të njëjtin vend.

1 - Dhe ky është vendi që e pret?

2 - Kam përshtypjen se ky është.

1 - Domethënë që nuk je i sigurt?

2 - E pse të jem i sigurt? Atëherë kur jemi të sigurt, atëherë gabojmë.

1 - Lëri "atëherët"! Tani, sipas teje, po gabon?

2 - Unë asnjëherë nuk kam gabuar.

1 - Po sikur ai të mos vijë?

2 - S'ka se si të vijë. Nuk ka ardhur kurrë. *(Heshtje.)*

1 - Dhe ti e pret?

2 - Pse të mos e pres? Më jep një shpresë për të shkuar në shtëpi.

3 - *(Hyn.)* Akoma nuk e ke njohur këtë ti?

1 - Dikur e kam njohur, por tani nuk po e njoh.

3 - Çdo ditë pret autobusin për ta çuar në shtëpi.

1 - Autobusin pret këtu ti?

2 - Sigurisht.

1 - Dhe ai nuk vjen ...

2 - Si të vijë kur nuk ka autobus fare?

1 - Po pse pret atëherë?

2 - Ku i dihet. Mbase vjen ndonjë.

1 - Por kur s'ka asnjë?!

2 - Asnjëherë nuk i dihet.

3 - Të ka qëlluar që të ketë ardhur autobusi?

2 - Çdo ditë.

3 - Pse s'i ke hipur atëherë?

2 - Se gjithmonë ndalon vetëm te stacioni tjetër.

1 - E ku është ky stacioni tjetër?

2 - Asnjëherë s'e kam ditur.

1 - Për kaq gjë s'ke pse mërzitesh. Dal unë një xhiro vërdallë dhe e gjej atë mut stacioni.

2 - Nuk është mut ai.

1 - Më fal! Atë të bekuar stacion.

2 - S'e ka bekuar njëri atë stacion.

3 - Sa për dijeni, stacion nuk ka fare.

2 - Thua ti!

1 - Edhe unë ashtu them.

2 - Që kur isha i vogël, babai më thoshte gjithmonë: "Mos flit me njerëz të panjohur!".

1 - Ti s'ke pasur kurrë baba.

3 - As mama nuk ke pasur.

2 - E shikon pra, kur unë ju thosha "jam alien", ju nuk e besonit.

1 - Alienët nuk presin autobusin, presin anijen kozmike.

2 - I kam thënë anijes të mos vijë pa ardhur autobusi.

3 - Po sikur të vijnë të dy përnjëherë?

2 - Pse, mendjen tënde kanë ata?

3 - Sa për mendjen, unë të lë pa mënd.

2 - Prandaj nuk dua që të bëj muhabet me ty unë.

1 - Unë kam shumë qejf të bëj muhabet, por ç'e do? Ajo do atë tjetrin.

2 - Ai tjetri i bie të jem unë.

3 - Ty nuk të shoh dot me sy unë.

2 - Dashuria është ndjenjë. Nuk ka të bëjë fare me të parin, se dashuria është e verbër.

1 - Kam pasur unë një komshie të verbër, e cila piu bar miu se asnjë nuk e dashuronte.

3 - Pse s'e dashurove ti?

1 - Atë bëra. U dashurova dhe pastaj i bleva bar miu.

2 - Kishte shumë minj në shtëpi ajo?

1 - Numrin e saktë të minjve nuk e di, por di që ajo jetonte me pesë mace.

2 - Pse s'i bleve ilaç për mace atëherë, meqë ia dije numrin.

1 - Po ama ngjyrën nuk ia dija.

3 - S'i kishe parë asnjëherë?

1 - Gjithmonë i shikoja, por kishin ngjyra të ndryshme.

3 - Si përfundim, ajo vdiq?

1 - Kush? Macja?

3 - Jo po qeni!

1 - Në fakt e kishte edhe një buçe të zezë me kaçurrela, që unë ia lëpija përditë.

2 - E si u lëpika qeni? Nuk kishe merak?

1 - Nuk ishte qen. Ishte buçe.

2 - E ç'ndryshim ka?

1 - Nuk thashë që ka ndryshim. Thashë që ishte buçe.

2 - Atëherë janë njëlloj.

1 - Pikërisht! Qeni është qen dhe buçja është buçe.

3 - Në fakt, mua qentë më pëlqejnë më shumë.

1 - Kurse mua, buçet.

2 - E shikon pra, që edhe ju jeni njëlloj?

1 - Do hipësh në autobus ti, apo si e ke hallin?

2 - Nga autobusët kam frikë. Sa herë që hipi, unë rrëzohem.

3 - E sa herë je rrëzuar gjithsej?

2 - Dyzet e katër herë kur isha i vogël dhe i kam akoma të freskëta plagët në gjunjë. Sikur jam rrëzuar dje.

1 - Po dje, je rrëzuar?

2 - Jo. U rrëzova sot dhe u vrava tek të dy gjunjët.

3 - E ku u rrëzove?

2 - Te stacioni i autobusit.

1 - Të rrëzoi autobusi?

2 - Autobusi të shtyp, nuk të rrëzon. Më rrëzuan njerëzit që prisnin autobusin.

3 - Do t'ua kesh bërë borxh, me siguri.

2 - Me siguri absolute që jo. Unë po prisja autobusin. Erdhën dy vetë dhe më pyetën: "Na falni zotëri, çfarë po prisni këtu?". Dhe unë ua ktheva: "Të nderuar zotërinj, unë po pres autobusin.". "O sa mirë, atëherë", thanë ata, "Po e presim së bashku". Pas pak erdhën edhe ca të tjerë, më vonë dhe shumë të tjerë dhe që të gjithë më pyesnin dhe unë u përgjigjesha që po prisja autobusin. Kur, pas nja dy orësh, u kujtua njëri: "Më falni zotëri, jeni i sigurt që këtu ka stacion autobusi?". Unë ia ktheva: "Unë thashë që po pres autobusin, nuk ju thashë që këtu ka stacion autobusi. Pastaj, nuk e shikoni që këtej ka dy orë që nuk kalon asnjë autobus? E si do ndalojë këtu, kur nuk ka ndaluar asnjëherë? Sepse, t'ju them të drejtën, në këtë rrugë nuk ka kaluar kurrë asnjë autobus.".

1 - Dhe ata të shtynë vetëm sa për të vrarë gjunjët?

2 - Jo, jo. Ata filluan të më puthnin e të më përqafonin

nga gëzimi. "Qenke tamam si ne", më thanë, "yll bote!". Pastaj më morën në krahë dhe nisën të më hidhnin përpjetë si të çmendur. Mirëpo mua, nga lartësia më merren mëndtë dhe kur ata më zbritën në tokë, filloi të më merrej mëndja dhe u rrëzova. Doni t'jua tregoj shenjat te gjunjët?

3 - Mos na u bëj pornografik tani!

2 - Deri te gjuri thashë.

1 - Deri te gjuri dhe do të na vijë për të vjellë...

2 - Jo, jo. Shenja dhe gjak nuk ka. I kam fashuar me kujdes.

3 - Po dhimbje, a ke?

2 - Aspak. Unë njoh vetëm dhimbjet shpirtërore.

3 - Po shpirti të dhemb?

2 - Atyre që e kanë.

3 - Po të më dhëmbë, unë nuk e dua fare shpirtin.

1 - Kur dy njerëz dashurohen, ia shërojnë dhimbjet njëri-tjetrit.

3 - Ashtu siç ia shërove ti asaj të verbrës.

2 - Që të them të drejtën, nuk duhet t'i kishe blerë bar miu, por bar maceje.

1 - Nuk ka bar maceje.

2 - Atëherë ja ku po betohem, se sapo unë dhe kjo të dashurohemi, do ta gjej barin e maces në fund të dheut.

3 - Po sikur mos ta gjesh?

2 - Atëherë, si fillim, do të blej bar miu, por kërkimin për barin e maces kurrë nuk do ta ndërpres.

3 - Unë nuk kam mace në shtëpi.

2 - Duhet të marrësh patjetër ca mace! Kot do ta kërkoj barin e maceve unë?

1 - Unë them që tani duhet t'i hipësh autobusit dhe të blesh barin e maceve.

3 - Ka shumë të drejtë. Ky autobus të çon drejt e te farmacia e maceve. Te vitrina e dyqanit ka dy mace shumë të bukura. Një të bardhë dhe një të zezë.

2 - Ilaçin unë duhet ta blej për të bardhën apo për të zezën?

1 - Të thashë t'i hipësh autobusit. Nuk pret puna. Jemi shumë vonë.

2 - Nuk i hipi dot autobusit.

1 - E pse nuk i hipën?

2 - Sepse kam frikë. Nga të gjithë autobusët kam frikë.

1 - Frikë nga autobusi?

3 - Shiko, mor zotëri! E di sa të mirë janë autobusët?!

2 - Kur janë kaq të mirë, pse nuk i hipën vetë?

3 - Sepse unë nuk po pres autobusin.

1 - E di unë. Ajo po pret dashnorin.

3 - Po ti mor zotëri, çfarë pret?

1 - Pres që të më zhdukeni të dy e të më lini rehat.

2 - Por përderisa autobusi nuk po vjen...

1 - Ik në këmbë, bile që tani mbathja me vrap.

2 - Me këto gjunjë copë?

1 - Nuk kanë rëndësi gjunjët. Ka rëndësi vrapi.

2 - Nuk e di rrugën pa autobus.

1 - Po autobusi, e di?

2 - Varet. Ka ca që nuk e dinë fare.

1 - E ku të çojnë ata?

2 - Cilët ata?

1 - Autobusët pra! Për autobusët po flasim.

2 - Po flisni ju. Unë thashë vetëm që po pres.

1 - E çfarë po pret ti?

2 - Pres që të më zhdukeni të dy e të më lini rehat.

3 - Si të iki unë? Po sikur të vijë ai?

2 - Kush ai?

1 - Ta thashë, dashnori. Ka një dashnorë kjo, katër metra të gjatë, tre metra të gjerë dhe gjithmonë me vegla torture me vete.

3 - Ju shikoni veglat tuaja. S'keni punë me veglat e tjetrit.

2 - Në fakt, ka të drejtë. Nuk i ofendohet veglat tjetrit.

1 - Nuk është "tjetri" ai, por "njeri", që po të futi në dorë...

2 - Të më falësh. Të ka futur ndonjëherë në dorë ky "njeri"?

3 - Mos u tallni me "njerin" po ju them.

2 - Mirë thotë. S'ke pse tallesh vetëm se ai qenka shtatë metra i gjatë, dymbëdhjetë metra i gjerë dhe mban një vegël torture.

1 - Mban disa, disa vegla.

3 - Asnjëherë! Vetëm unë ia kam parë.

1 - Gënjen! Vetëm unë ia kam parë.

3 - Ai më ka lënë t'ia shikoj veglat dhe më ka thënë të mos i them njeriut.

1 - Kështu më ka thënë edhe mua. *(I drejtohet 2-shit.)* Po ty?

2 - Unë po pres autobusin.

1 - Deri tani do t'i kishe hipur nja njëqind herë atij mut autobusi.

2 - Si t'i hipi kur nuk vjen?

1 - Ta thashë: mbathja me vrap.

2 - Me këta gjunjë copë?

1 - Copë nuk i ke akoma. Tani do të t'i bëj unë copë.

2 - Pa vegla torture?

(Heshtje.)

3 - Po Misto e di këtë stacion autobusi?

1 - Cili Misto?

3 - Atë për të cilin ky na tha se ka vdekur.

2 - Kurrë nuk e kam thënë atë fjalë. Unë ju thashë vetëm ç'thonë të tjerët.

1 - Dhe të tjerët ç'thonë?

2 - Ca thonë që ka vdekur, ca jo.

1 - Ti si thua?

2 - Unë them atë që thotë shumica.

1 - E ç'thotë shumica?

2 - Nuk i dihet. Vetëm ata e dinë.

3 - Mos i ndillni vdekjen tjetrit kot, pa asnjë shkak.

2 - Gjithmonë ka një shkak për të vdekur.

1 - Aq më tepër që ai edhe mund të ketë vdekur.

3 - Mos më bëni të qaj tani, se po fillova, nuk di kur mbaroj.

2 - Do ishte mirë ta filloje të qarën nga fundi. Mbaroje njëherë dhe nise nga fillimi.

3 - Kur mbaroj të qarën, mua më mbarojnë edhe lotët. Si ta nis nga fillimi kur nuk kam lot?

2 - Pi nja dy gota ujë me kripë.

3 - Kripa më bën dëm për veshkat.

1 - Të tërë copë i kemi veshkat, por kripën nuk e ndajmë.

2 - Unë e ndaj me kokrra. Po nuk e ndava me kokrra, nuk e haj dot.

1 - E sa kokrra ha në ditë?

2 - Varet nga dita. Kur fillojnë të më dhëmbin veshkat, aq sa nuk qëndroj dot në këmbë, ha 2400 kokrra kripe një e nga një.

1 - E pse nuk i ha të gjitha përnjëherë e të biesh rehat?

2 - Po i hëngra përnjëherë, me gërvishtin fytin dhe nuk këndoj dot.

3 - S'të kemi dëgjuar ndonjëherë të këndosh.

2 - Po kur s'kam zë, si të këndoj?! Gjithmonë e kam fytin e gërvishtur nga kripa.

3 - Edhe kur e ha me kokrra një e nga një?

2 - Vetëm kokrrën e parë e ha një e nga një, pastaj nuk duroj dot dhe e ha të tërë kripën përnjëherësh.

1 - Edhe unë urinoj gjak, por kurrë nuk ia them njeriut.

3 - E shikoni sa e verdhë jam unë?

1 - Mjeku më thotë që e ke nga keqpërdorimi.

2 - Edhe mua.

3 - Edhe mua.

1 - Sa më shumë kujdesem unë, aq më shumë ma keqpërdorin të tjerët.

2 - Këta "të tjerët" sa janë?

1 - Vetëm një.

2 - Atëherë duhet të jetë i njëjti.

    (Heshtje.)

3 - Ja, nuk e di pse, por tani po më vjen për të qarë.

1 - Pa pirë ujë me kripë?

3 - E ku ta gjej? Po nuk e gjeta deri në darkë, do rri edhe pa gjumë, edhe pa qarë.

1 - Ka kohë deri në darkë. I vjen autobusi tjetrit, shkon t'i blejë dhe mbaron punë.

2 - Unë nuk thashë që vjen autobusi. Thashë vetëm që po pres autobusin.

3 - Sa gjëra kam pritur unë dhe s'më kanë ardhur kurrë...! Boll t'i kujtoj dhe qaj për dy vjet të tërë edhe pa pirë ujë!

2 - Sidoqoftë, uji të ndihmon.

1 - Shko pra dhe blija!

2 - Po qau më shumë se dy vjet, do t'i duhej më shumë se një shishe ujë.

1 - Shko dhe bli katër a pesë si fillim.

3 - Të lutem, tani po më merr vërtet etja.

1 - Unë kam dymbëdhjetë ditë që u thava për ujë dhe asnjeri nuk më jep qoftë edhe një pikë.

2 - Uji nuk pihet me pika, por me gllënjka.

3 - Unë s'e pi me gllënjka, por me shishe.

1 - Edhe unë me shishe e pi.

2 - Po ta mbushësh shishen me raki, nuk ka më vend për ujë.

1 - Unë rakinë e pi me teke, jo me shishe.

2 - Prandaj gjithmonë të teket për raki, se e pi me teke.

1 - Rakia nuk ka lidhje me ujin.

2 - Por ka lidhje me lëngjet.

3 - Mos m'i kujtoni lëngjet, se po më vjen prapë për të qarë.

2 - E thamë njëherë. Pa pirë ujë, nuk ke si qan.

1 - Po sillja pra atë mut uji, se na plase!

2 - Pa pirë ujë, njeriu s'ka se si plas.

1 - Njeriun nuk e plas uji, e plas etja.

2 - Sa herë të kam thënë: "Mos pi raki, pi ujë"?

1 - Asnjëherë nuk kam pirë raki.

3 - Asnjëherë nuk ka paguar.

1 - Rakinë ma kanë pirë të tjerët.

2 - E si quhen ata "të tjerët"?

1 - Kanë emra të ndryshëm.

2 - Çfarë race janë?

1 - Racë muti.

3 - A janë të gjatë?

1 - Jo. Janë të shkurtër dhe vinë erë të keqe.

3 - S'ua kam ndjerë ndonjëherë erën!

2 - Sepse ti merresh vetëm me të gjatët.

3 - Më pëlqejnë gjërat e gjata.

2 - Po unë, hyj tek të gjatët?

3 - Ti hyn tek të mesmit e shkurtër.

2 - Kur kam qenë i vogël, kam qenë më i gjatë.

1 - Të gjithë kemi qenë të gjatë kur kemi qenë të vegjël. Më vonë u shkurtuam.

2 - Po jo kaq sa unë. Dhe po vazhdova kështu, do të përfundoj sa një kokërr bizele.

3 - Bizelet e bëjnë supën e mirë, megjithëse që e vogël nuk i kam dashur.

1 - Na e ke thënë një herë.

2 - Mua ma ka thënë me miliona herë.

3 - Po arsyen, jua kam treguar?

1 - Se kur hëngre një herë bizele, të mbeti në fyt një kokërr e madhe që nuk ishte bizele, por ti i more inat bizelet.

3 - Kjo ka ndodhur më vonë. Në fillim më vunë një kokërr bizele poshtë katër dysheqeve dhe unë nuk fjeta dot tërë natën. M'i bëri veshkat copë.

2 - Mua më ke thënë se veshkat t'u bënë copë kur re nga krevati, se nuk flije dot me katër dyshekë.

3 - E si të flija, kur më vriste bizelja?!

1 - Pse nuk e hoqe atë bizele e të flije rehat?

3 - Se ai që e kishte vënë bizelen, një qëllim e ka pasur.

2 - Ia zbulove qëllimin?

3 - Jo, por e mora me mënd.

2 - Ku i gjete?

1 - Do t'i hipësh autobusit ti, apo si e ke hallin?

2 - Sikur t'i hipnim të tre, do ishte më mirë.

1 - Pa ardhur?

2 - Po ne presim njëherë, se ku i dihet.

3 - Po sikur unë ta di që autobusi nuk vjen?

2 - E ç'të kushton të presësh?

3 - Asgjë, po ta di ku po shkoj.

2 - Jua thashë. Në shtëpinë time.

1 - Sa kohë ke pa vajtur?

2 - Asnjëherë nuk kam vajtur.

3 - Nga shkaku i autobusit?

2 - Jo, nga shkaku se nuk e di ku e kam shtëpinë. Por po erdhët ju me mua, do t'ju çoj patjetër.

1 - Me çfarë do na qerasësh?

2 - Kur të vini, do të shtroj një darkë të madhe, që do të zgjasë pafund. Secili do të ketë përpara nga një gjel deti të pjekur të mbushur me arra, bajame dhe lajthi. Një pjatancë e madhe sa gjysma e tavolinës do të jetë me mish qengji, gici dhe keci të pjekur. Disa lloje sallatash, fruta deti dhe peshk pa fund. Dy petanikë të mëdhenj të pjekur në saç, njëri me qumësht të freskët, gjalpë të freskët dhe vezë të freskëta, ndërsa tjetri me jeshillëqet e gjithë botës. Të gjitha këto do t'i shoqërojmë, sipas rastit, me verë të kuqe, verë të bardhë, uzo, raki dhe birrë pa fund. Në fund do t'ju nxjerr një tortë të madhe me çokollatë dhe luleshtrydhe të sapokëputura nga kopshti. Pastaj, do fillojmë të pijmë uiski pa fund, deri sa të na zërë gjumi të treve.

1 - Nuk është dhe kaq keq të presësh.

3 - Përderisa e kemi të sigurt dhe drekë të madhe, ia vlen.

(Të tre presin.)

- Ikja -

(2-shi hyn me vrap në skenë. Duket tepër i gëzuar. Dy të tjerët janë në skenë, statik. Fillon të kontrollojë duke bërtitur.)

2 - A ka njeri këtu? A ka njeri këtu? Po të ketë, të dalë menjëherë! I dua të gjithë këtu!

3 - Pse bërtet, pse bërtet?

1 - Sado të bërtasësh, unë nuk dëgjoj nga veshi i majtë.

2 - Ku nuk ju kërkova. Nuk ma mori mëndja se do të ishit këtu.

1 - Ne gjithmonë këtu kemi qenë.

2 - E kisha harruar.

3 - Qetësohu njëherë dhe mbushu me frymë.

2 - Do mbushem dhe do t'ju them një gjë që... Afrohuni tek unë! Ti afroje veshin e djathtë këtu te goja ime, kurse ti afro veshin e majtë.

(Vendoset vetë me gojë të hapur dhe pret. Dy të tjerët i afrohen me dyshim. Megjithatë zbatojnë kërkesën e tij. 2-shi i pëshpërit diçka në vesh secilit dhe pret i ngazëllyer efektin. 1-shi dhe 3-shi largohen indiferentë.)

2 - Meqenëse nuk ju pëlqeu, unë po largohem *(Merr të dalë.)*

1 - Një minutë, një minutë! Si ishte ajo puna e ikjes?

2 - Aaa... ! Ajo! E harrova.

1 - Po ti sapo ma the.

2 - Ato që them "sapo", nuk i mbaj mend.

3 - Po ti përpiqu njëherë!

2 - E me ç'motiv?

3 - Me motivin e ikjes.

2 - Kush e tha?

3 - Vetë sapo ma the.

2 - "Sapot" nuk i mbaj mend.

1 - Po ti përpiqu njëherë.

2 - Përpjekjen e kam inat.

3 - Apo do që të të lutemi?

1 - Të lutemi ne sa të duash ti.

(1-shi dhe 3-shi fillojnë njëkohësisht t'i luten, t'i përgjërohen, t'i bien në gjunjë me një kakofoni shurdhuese. 2-shi i stopon me shenjë. Ata ndalojnë.)

2 - Me të dëgjuar e kam.

3 - Po ti dëgjon kaq bukur, o zot i madh!

1 - Edhe unë kam veshë, por jo si të tutë.

2 - Më lini të përqendrohem.

1 - Sa të duash, vetëm shpejt.

2 - Po u nxitova, e djallos fare.

3 - Mirë, mos u nxito. Vetëm përqendrohu, kujtohu dhe na e thuaj edhe një herë.

2 - Po. Në fillim do aktivizoj kujtesën vizive, pastaj atë emocionale.

1 - Kë të duash aktivizo, vetëm na e thuaj dhe njëherë, por shpejt.

2 - Një sekondë. Tërë të këqijat njerëzimit i kanë ardhur nga nxitimi dhe të tepruarit.

1 - Mirë. Na e thuaj ngadalë, por qartë ama dhe shpejt.

> *(2-shi përqendrohet. Aktivizon kujtesën vizive, pastaj atë emocionale. Dy të tjerët e ndjekin tërë ankth. Befas ndalon, përqendrohet dhe në fund hidhet përpjetë nga gëzimi.)*

2 - Do ikim! Do ikim!...

> *(Fillon të përqafojë dy të tjerët, ndërkohë që ata nuk reagojnë.)*

2 - Nuk më besoni?

1 - Jo.

3 - Jo.

2 - Ju betohem për çfarë kam më të shtrenjtë që do ikim. Unë kam bërë gati dhe plaçkat *(Nxjerr një qese të vogël nga xhepi.)*

1 - Plaçkat edhe unë gati i kam *(Nxjerr dhe ai një qese të vogël.)*

3 - Unë i kam të hekurosura dhe të palosura me kujdes. *(Nxjerr dhe ajo një qese të vogël.)*

2 - Kur i paskeni bërë gati valixhet?

1 - Unë gjithmonë gati i kam. Çdo ditë më thonë që do ikim.

2 - Çfarë ditësh kanë qenë ato?

3 - Ditë si gjithë të tjerat.

2 - Epo kjo nuk është një ditë si gjithë të tjerat, se është dita e ikjes.

1 - Je i sigurt për këtë?

2 - Një milion për qind.

3 - Fare-fare i sigurt?

2 - Dy milionë për qind.

1 - Atëherë kam përshtypjen që duhet të gëzohemi të tre.

2 - Gëzohuni ju, unë i gëzuar jam.

3 - Ka ndonjë të keqe sikur të gëzohem edhe unë?

2 - Çliroje adrenalinën.

1 - Ja më shiko mua, që, pa më thënë ky, fillova ta çliroj.

(Fillon të bëjë lëvizje të shpejta dhe kaotike.)

3 - O zot i madh! Sa e gëzuar jam që e çlirova edhe unë!

(Bën të njëjtat gjëra si 1-shi.)

(2-shi fillon të këndojë një këngë, në fillim nën zë, pastaj gjithnjë e më me zë. Dy të tjerët e ndjekin. Këndojnë të tre së bashku.

Adre, adre, enalina,

Nuk na duhet aspirina.

Duke kënduar, fillojnë të kërcejnë si të çmendur. Në fund të rraskapitur, ulen përtokë.)

1 - Kur do të nisemi?

2 - Si mund të nisemi pa festuar tamam? Zonjushe, na bjer këtu kafe, raki, peshk, balena dhe prapë kafe dhe raki!

1 - Mua do më biesh dy kafe dhe katër raki, që më në fund t'i pi vetë.

3 - Më falni zotëri, por këtu nuk ka asgjë nga këto që përmendët.

2 - Po... a është lokal ky?

3 - Asnjëherë nuk ka qenë lokal.

1 - Po... a je kamariere ti?

3 - Asnjëherë nuk kam qenë kamariere.

(Heshtje.)

2 - Po... ku paskemi qëndruar ne gjatë kësaj kohe?

3 - Në një fshat turistik.

1 - Ky, domethënë, është fshat turistik?

3 - Njëqind herë jua kam thënë.

2 - Pse s'e kemi dëgjuar ne?

3 - Se nuk keni qenë aty kur e kam thënë. Tani që jeni, e dëgjuat.

1 - Sikur s'kam parë ndonjëherë turistë unë në këtë fshat turistik.

3 - Sepse është fshat. Turistët preferojnë qytetin.

2 - Po ne, çfarë jemi? Fshatarë apo qytetarë?

3 - Ne jemi fshatarë, me një origjinë shumë të largët jashtëtokësore.

1 - Më kujtohet si tani qytet-fshati ku kam lindur. Nëna donte të më mbante akoma në bark, donte të më mbante përgjithmonë. Unë i lutesha të dilja, por ajo s'donte. "Jeta është e egër, biri im, është e frikshme, e pabesë, mizore...". Mirëpo, unë isha i vogël dhe s'i kuptoja këto gjëra dhe një natë, fshehurazi, fillova

të zvarritesha drejt daljes. Mendova se ishte e lehtë, por ç'ne! Ishte një torturë e vërtetë. E megjithatë, mendoja, ia vlen kjo torturë për të dalë në jetë. Sapo dola, u pendova. Gjak gjithandej. Bëra të kthehesha mbrapa; dera ishte e mbyllur. Në mes të atij pellgu me gjak, fillova të ulërija që të më shpëtonin. "Ç'tu desh, mor bir!", dëgjova mamanë, pastaj nuk e dëgjova më. Kishte vdekur.

(Heshtje.)

2 - Të gjithë do të vdesim një ditë.

1 - Nuk më lanë t'i shkoja në varrim.

3 - Unë varrimet i kam pasur gjithmonë inat. Të gjithë njerëzit bëjnë sikur qajnë.

2 - Jo, jo. Unë kam qarë tamam, por kam qarë ditën e dasmës sime.

1 - Pse, ta dhanë nusen me zor?

2 - Jo, nuk më ftuan fare në dasmë. Dhe tani që e kujtoj, më vjen prapë për të qarë. Unë kisha bërë gati ftesat, i kisha shpërndarë, kisha prenotuar lokalin, orkestrën më të mirë, menunë nga më të mirat që ekzistonte, pijet më të mira që ekzistonin, kisha porositur taksinë më të mirë që ekzistonte për të marrë nusen time... nuk po më kujtohet emri tani, por kur të më kujtohet, do t'jua them, se ishte emër që nuk harrohet dhe... pasi i bëra të gjitha gati, i bëra pa dashje një pyetje vetes: "Dakord. Po martohem, por tani, të tjerët do më thonë "të trashëgohesh!". Pra, unë duhet të krijoj pasardhës. Por pasardhës të kujt?! Pasardhës të mitë?! Kujt i duhen ata pasardhës?! Kujt i duhen ata pasardhës?! Kujt i duhen ata pasardhës?!

Se gjërat na duhen në rast se i përdorim për diçka apo shumëçka. Dhe këto gjëra duhet të jenë të mira. Më të mira se ne, se po ishin njësoj, ç'vlerë do të kishte?! Atë gjënë që bëj unë ose do të doja ta bëja, do ta bëj ose do të doja të bëja më të mirë se vetja ime. Përndryshe ç'kuptim ka?! Se jo çdo gjë mund të kuptohet, por ama kjo nuk ma heq të drejtën që vazhdimisht të përpiqem për të kuptuar. Se ndryshe ç'kuptim ka?! Ç'kuptim ka të kemi pasardhës si puna jonë?! S'ka se si të ketë kuptim. Ata duhet të jenë më të bukur se ne, duhet të jenë më të mençur, më të zgjuar, më largpamës, pra duhet të jenë më njerëz se ne. Përndryshe, ç'kuptim ka?!".

Të gjitha këto vendosa t'ia them nuses sime të ardhshme, që akoma nuk po më kujtohet emri, por kur të më kujtohet, do t'jua them patjetër, se ajo kishte një emër që kurrë nuk mund të harrohet, megjithëse, t'ju them të drejtën, asnjëherë nuk i kam folur në emër, se asnjëherë nuk e kam ditur si quhej. Unë mbaj mënd vetëm se si më quante ajo mua. Më thërriste "alieni im i vogël". *(Fillon të përlotet.)* Kush do të më thërrasë mua ashtu?! Çdo ditë pres të më thërrasë dikush "O alieni im i vogël!", por e di që pres kot! E di që pres kot. E di që pres kot. Asnjëherë nuk kam për ta dëgjuar, se ajo nuk është më. Vdiq një ditë para dasme. Më thanë, nga një sëmundje në veshka. Kriminelja! E pashpirtja! Si më la mua?! Me kë më la mua?! Kush do të më thotë mua tani "O alieni im i vogël"? Kush?! *(Shpërthen në të qarë.)*

    (Heshtje.)

3 - Mos u mërzit, o alieni im i vogël! Kur të martohem unë, do të të ftoj patjetër.

1 - Pse, do martohesh ti?

3 - Nuk e di. Nuk e kam vendosur akoma.

2 - Dashuron ndonjërin?

3 - Më duket se dashuroj dy.

    (Heshtje.)

2 - Sikur s'e dëgjova mirë.

1 - Tha që na do të dyve.

2 - Me cilin vesh e dëgjove?

1 - Me të dy.

2 - Po ti nga i majti nuk dëgjon.

1 - Nuk dëgjoj ato që s'dua të dëgjoj.

2 - Edhe unë që nuk para shoh mirë nga sytë, ashtu m'u dëgjua se tha.

1 - Të pëlqeu ajo që dëgjove?

2 - Mezi e kam pritur këtë çast.

1 - Edhe unë.

2 - Ne e duam të dy, por ajo nuk e di.

1 - Ajo vdes për ne.

2 - Jo, jo. Nuk dua të vdesë. Është më mirë e gjallë.

1 - Pse?

2 - Se ka cica.

1 - S'ia kam parë ndonjëherë.

2 - As unë, por duhet të ketë.

1 - Jo, nuk ka.

2 - Edhe pa cica, unë e dua.

1 - Edhe unë.

2 - Cicat nuk janë gjithçka në jetë.

1 - Ashtu them dhe unë.

2 - E shikon pra, që s'jemi dakord?

3 - Jo, jo. Dakord jeni. Vetëm që s'bini dakord.

1 - E pse të biem?

3 - Sepse të dy më doni. Ti më do, ti më do. Unë e di.

2 - E nga e di?

3 - Femra di ca gjëra.

1 - Di atë që s'di gjë fare.

3 - E ç'më duhet? Ju më doni.

2 - Të duam se ke cica.

1 - Ajo s'ka cica fare.

3 - Doni t'i shikoni cicat e mia?

1+2 - Po, duam.

3 - Mbyllini sytë!

> *(Ata mbyllin sytë me duar. 3-shi u qëndron përballë dhe fillon të zbërthejë këmishën. E hap vetëm një sekondë dhe mbulohet prapë.)*

3 - Hë! I patë?

2 - *(Me sytë akoma të mbyllur.)* Hajde cica hajde!

1 - *(Pa i hequr duart nga sytë.)* Kurrë s'kisha parë si këto cica!

3 - Ju thashë që nuk kam cica fare.

> *(Të dy heqin duart nga sytë.)*

1 - Unë ato cica do t'i mbaj në mëndje për dy javë rresht.

2 - Mos ma kujto rreshtin, se më kujtohet ushtria dhe kur më kujtohet ushtria, më kujtohet lufta.

1 - Pse, ke qenë në luftë ti?

2 - Në të treja luftërat botërore.

1 - E treta kur ka filluar?

2 - Sapo përfundoi e dyta.

1 - Mos! Qenkemi në luftë dhe nuk e dija? E kur mund të përfundojë?

2 - Kur të fillojë e katërta.

1 - E kur do fillojë e katërta?

2 - Po ti prit njëherë të mbarojmë të tretën.

1 - E kush do mund ta fitojë këtë luftë?

3 - Do ta fitojë Misto.

1 - A na the ti që vdiq?

2 - Prandaj s'e njoh.

3 - Dhe unë s'e kam njohur kurrë Miston, por më ka njohur ai mua.

1 - Me ca sy si çakall.

2 - Me një noçkë si derr.

3 - Me ca veshë si gjarpër.

1 - Me gjithë ato zinxhirë nëpër duar.

2 - Mban edhe një drapër me vete dhe një çekiç.

3 - Sa pa e ngritur draprin, mua më bie të fikët. Dhe në atë gjendje të fikëti, shoh ëndrra. Ca më kujtohen, ca nuk më kujtohen fare, ca... përpiqem t'i kujtoj dhe, kur i kujtoj, më kujtohet vazhdimësish e njëjta ëndërr, që në fakt nuk është ëndërr, por është e vërtetë, por mua më shfaqet si ëndërr, pra si një gënjeshtër, por një gënjeshtër që e kam pranuar si të vërtetë, sepse prandaj jemi femra. Se femrat janë të vërteta, me gjithë gënjeshtrat që kanë si femra. Por unë, juve nuk ju kam gënjyer kurrë! Jo gjithmonë ju kam thënë ato që doja, por për të gënjyer, kurrë! Se gënjeshtra të gënjen edhe ty. Po e përsërite disa herë, të duket si e vërtetë. Dhe... se dashuria duhet të jetë e vërtetë, kur më thua se më dashuron. Se ti ma thua që unë ta besoj. Dhe unë të besova, duke besuar se të dy do të mirëbesoheshim. *(Fillon të përlotet.)* Se besimi është besim dhe nuk mund të jetë mosbesim asnjëherë. Se, po qe, qoftë edhe njëherë të vetme, ai nuk është më besim. Se kur unë të besoj ty, domethënë që të besoj, dhe ti nuk ke asnjë të drejtë të më thuash "nuk të besoj", sepse atëherë i bie që ti nuk je i besueshëm. *(Heshtje.)*

Dhe "ai" nuk ishte as i besueshëm, as besnik.

(Heshtje.)

Ai fillimisht më preku këtu *(Tregon me gisht kofshën e majtë dhe përpiqet ta fshijë atë prekje me të dyja duart.)* Pastaj këtu... *(Tregon me gisht kofshën e djathtë dhe bën të njëjtat veprime.)*

Pastaj këtu... *(Tregon me gisht gjoksin e majtë dhe bën të njëjtat veprime.)* Pastaj këtu... *(Tregon me gisht gjoksin e djathtë dhe bën të njëjtat veprime.)*... *(Pastaj vazhdon e tregon me gisht çdo pjesë të trupit dhe përpiqet me të dyja duart që t'i fshijë, të pastrohet.)*

Më ka prekur të tërën! Ka depërtuar tek unë. Ka depërtuar tek unë! *(Qan.)*

(Heshtje.)

Doja të bëhesha "nënë"! Të rrisja me qumështin tim, fëmijët e mi. Po më mirë që s'u bëra! Qumështi i gjirit tim do të ishte farmak, do të ishte helm për fëmijët e mi, që i përqafoj me mall. Se, unë, në fakt, i kam lindur ata, por ata s'janë këtu. Ata janë lart, në qiell. Dhe qielli është shumë i madh. Ka vend për të gjithë. Ndërsa ne strukemi, frikësohemi, sherrosemi me njëri-tjetrin për pak hapësirë më tepër, ndërkohë që hapësira është pa fund. Por, ne të tre, që jetojmë bashkë prej vitesh, duhet ta kërkojmë këtë hapësirë... se përndryshe... do të na mbysë dhe do të na vdesë e sotmja.

(Heshtje.)

2 - Po ne s'kemi as pse mbytemi e as pse vdesim. Ne sot do të ikim.

1 - Unë i kam shumë inat zinxhirët, që i kam me ndryshk. As tetanozin nuk më linin ta bëja.

2 - E ç't'ë flasim më për Miston? Ne sot do ikim.

1 - Jam shumë dakord, por nga do ikim?

2 - S'ka rëndësi nga ikim, por ku shkojmë.

3 - Unë do vij ku të më çoni ju.

1 - Por që të ikësh, duhet të dish rrugët.

2 - Rrugë ka sa të duash, boll t'i kërkojmë.

3 - Po kur nuk e dimë ku janë, si t'i kërkojmë?

2 - Ne nisemi njëherë, pastaj shohim e bëjmë.

1 - Po sikur të nisemi gabim?

3 - Unë i kam shumë inat gabimet. Njëherë që u nisa gabim, përfundova këtu.

2 - Unë nuk u nisa gabim , por po këtu përfundova.

1 - Përderisa kemi lindur këtu, edhe pa u nisur fare, këtu do të përfundonim.

3 - Prandaj duhet të ikim që këtu. Të shkojmë në një vend tjetër.

1 - Pa ditur rrugën?

2 - Këtu, vetëm një njeri e di rrugën.

(Heshtje.)

1 - Unë vdes dhe nuk i lutem atij.

3 - As unë.

2 - Bashkohem me ju deri në vdekje.

(Afrohen te njëri-tjetri dhe bashkojnë duart. Pastaj, gradualisht, shkëputen në drejtime të ndryshme, duke u ruajtur nga njëri-tjetri. Fillojnë të thërrasin Miston, në fillim me zë të ulët, pastaj gjithnjë e më të lartë. Në skenë dëgjohet ulërima e të treve, që kërkojnë Miston. Ndalojnë të tre njëkohësisht. Secilit i shfaqet përpara një "Misto" imagjinar. Të tre bien në gjunjë dhe fillojnë t'i luten.)

1 - Më falni që po marr pak çaste nga koha juaj e çmuar...!

2 - Duke mbetur me shpresë në mirëkuptimin dhe

dashurinë tuaj...!

3 - Më lejoni që me përulje të thellë t'i drejtohem zotërisë suaj...!

> *(Vazhdojnë të flasin njëkohësisht, duke rritur volumin e zërit. Pas një pike kulmore, zërat vijnë gradualisht duke u shuar, së bashku me ndriçimin që ulet gradualisht.)*
>
> *(Heshtje.)*
>
> *- Errësim -*

PERDJA

Shkurt 2014

www.ingramcontent.com/pod-product-compliance
Lightning Source LLC
LaVergne TN
LVHW040146080526
838202LV00042B/3046